おいしいコツがひと目でわかる！

きほんの料理

松村眞由子

JN217342

ⓘ 池田書店

はじめに

　この本を手に取ってくださって、ありがとうございます。

　この本は、「お料理が初めてでどうしたらいいのかわからない」という方や、「ふだんから料理はしているけれど自己流だから、もっとおいしくつくりたい！」と思っている方々のためにつくりました。

　「ごはんをつくるのは楽しい。自分でつくるとおいしい！」と思っていただけるように、私の長年の料理生活で培った知識やポイントを満載しています。

　料理をおいしくつくるには、材料やつくり方だけでなく、道具や切り方、火加減など、通常のレシピには書ききれないポイントが実はたくさんあります。そして、その書かれていない部分に失敗の原因が隠れていることも多いのです。

　ですからこの本では、初心者の方がぶつかりがちな「ナゼ？　どうして？」というギモンについて、詳しく書かせていただきました。

　「ナゼ？」がわかれば失敗が減り、ほかの料理にも応用できて、憧れの「料理上手さん」にも近づけるはずです。

　ごはんづくりは毎日のこと。人生の多くの時間を使います。

　だからこそ手抜きではなく、要領をよくして時間を節約できるコツも紹介しています。調理が快適になり、「楽しい！」と感じていただけたらうれしいです。

　食は身体だけでなく、心もつくっています。「おいしい！」にはいつも笑顔が一緒。おいしい料理は自分だけでなく、家族や周りの人まで幸せにできる一番身近なツールだと思います。

　この本で「おいしい！」というお声がたくさん響き、笑顔がたくさん咲きますように。

　　　　　　　　　　　　　　　　　　　　　　　　　　　　松村　眞由子

CHAPTER 1

料理上手に近道しよう！
おいしい料理のコツ

CHAPTER 2

みんな大好き！
定番料理10品

CHAPTER **4**

味わいに変化を生む
副菜サブ

■ サラダ類

グリーンサラダ
142

手づくりドレッシング
いろいろ
143

こくうま
ラタトゥイユ
144

こくうま
マカロニサラダ
145

こくうま
コールスロー
サラダ
145

ポテトサラダ
146

こくうま
ジャーマンポテト
147

さっぱり
にんじんサラダ
147

さっぱり
春雨サラダ
148

さっぱり
大根とカリカリ
じゃこのサラダ
149

さっぱり
豆もやしのナムル
149

CHAPTER 5

毎日の炊飯・汁物から麺類まで

ごはん・麺・汁物

ごはん
152

白がゆ（七分がゆ）
153

中華がゆ（全がゆ）
153

おにぎり
（鮭＆梅おかか）
154

炊き込み赤飯
155

炊き込みごはん
156

シンプル
チャーハン
157

手づくりルーの
カレーライス
158

キーマカレー
160

ハヤシライス
161

牛丼
162

親子丼
163

チキンオムライス
164

かけうどん
166

焼きそば
167

ミートソース
スパゲティ
168

カルボナーラ
スパゲティ
170

お好み焼き
（豚玉＆ちくわ）
171

サンドイッチ
（卵＆ハムきゅうり）
172

基本のみそ汁
みそ汁の具いろいろ
174

かきたま汁
176

おすまし
176

ミネストローネ
177

クリームコーン
スープ
177

レシピのルール

■材料・分量について

・材料はすべて、種や皮などの通常捨てる部分を含んだ分量です。
・計量は1カップ200㎖、大さじ1は15㎖、小さじ1は5㎖です（調味料は1㎖＝1gとは限らないのでご注意ください）。
・米の分量に表記している米用カップ1（1合）は、180㎖です。
・にんにく1片、しょうが1かけは10gが目安です。しょうが汁小さじ1はしょうが10gでつくれます。

■調味料について

・砂糖は上白糖、塩は自然塩、しょうゆは濃口しょうゆ、みそは一般的なみそ、酢は米酢を使用しています。
・「だし」は昆布とけずりがつお、またはけずりがつおのみで取った「和風だし」のことです（→p.28）。
・「スープの素」は、コンソメ味と中華だし、料理に合わせてお好みのものをお使いください。固形1個と顆粒小さじ1はともに約4gで、同じように使えます。

■調理について

・野菜は水洗いしてよく水気をきって使いましょう。肉、魚の切り身は洗わなくても大丈夫です。
・にんじんなど一般的に皮をむく食材は「皮をむく」などの表記を省略している場合があります。ピーマンの種、玉ねぎの芯なども同様です。
・火加減は基本的に中火です。
・煮る時間は、煮汁が沸騰してからの時間です。
・電子レンジの加熱時間は600Wを基準にしています。500Wの場合は1.2倍、700Wの場合は0.8倍の時間にしてください（→p.150）。

この本で変わる、毎日の食卓

① おいしいコツ がわかって料理が断然、おいしくなる!

この本では、忙しい皆さんに代わって、
何度も試作を繰り返してたどり着いた
「究極のレシピ」だけを紹介しています。
一度うそだと思って、この本の通りにつくってみてください。
いつもの料理がグッと見違えます。

② ! ラク がわかって手際がよくなる!

この本では、レシピ中で「ラク」してつくれる
ポイントを紹介しています。手抜きではなく、
省ける手間はカットしちゃいましょう!
また、レシピも手際よくつくれるよう工夫しました。

- 〈野菜→肉・魚〉の順に切り、洗い物を少なく
- 「何分つけておく」など時間のかかる工程は早めに紹介
- 調味料は〈粉もの→液体〉の順に掲載し、1本の計量スプーンを洗わず使えるように

③ ? ナゼ? がわかって試してみたくなる!

肉、魚に下味? 野菜の下ゆで?
聞いたことはあるけど、意味あるの?
よくわからないからやっていない……
そんなことありませんか?
この本では、レシピの「ナゼ」を詳しく解説。
理由がわかるから納得して実践できます。
やればやっぱり、断然おいしい!

④ バランスのいい献立が 自然につくれる！

この本ではメイン料理と一緒に、さっとつくれる
野菜のつけ合わせレシピを紹介しています。
メインと同じ鍋やフライパンでつくれたり、
電子レンジでチンするだけなのでかんたん！
また、サブはボリューム別、味別に紹介しているので、
選んで組み合わせるだけで、
栄養、味のバランスが整った献立になります。

⑤ 台所のストレスがなくなる！

いつも探し物をしている、
気になる油汚れを見て見ぬふりして数か月経つ、
食材をくさらせてしまってため息……
そんなストレスとはさよならして、
ごきげんな台所をつくりましょう！
ちょっとの工夫で、料理は今よりもっと楽しくなります。

≫ p.14-19

＼ あなたの食卓も ／
ガラリと変わる！

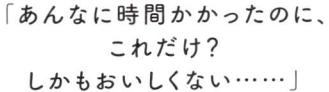

「あんなに時間かかったのに、
これだけ？
しかもおいしくない……」

「うまい！
どうやってつくったの？」

この本には、料理の腕を上げるためのヒントが
たくさん詰まっています。
調理しながら、ちりばめられたそれらのヒントを
自分のものにしていきましょう。

おいしいコツを
チェック！

そのレシピをおいしくつくる一番
のポイントを押さえましょう。

盛りつけの参考にする

肉や魚を盛りつける向きも、写真
の通りにするときれいです。メイ
ンや副菜は、できあがりの皿の大
きさをだいたいそろえているので、
同じ大きさの器を使えば、盛った
ときのボリューム感の参考にもな
ります（→p.122）。

調理の流れを
ひと目で押さえる

写真で調理の流れを頭に入れまし
ょう。レシピのコツも視覚的につ
かんでおけば、実践しやすいです。

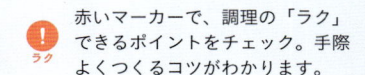

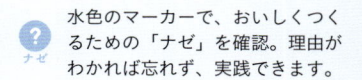

3つのアイコンでパパッと
おいしくつくる！

❗、❓、★のアイコンを見て、調理のポイ
ントを押さえましょう。レシピ中に引
かれたそれぞれの色のマーカーで、該当
箇所を確認します。

❗ 赤いマーカーで、調理の「ラク」
ラク できるポイントをチェック。手際
よくつくるコツがわかります。

❓ 水色のマーカーで、おいしくつく
ナゼ るための「ナゼ」を確認。理由が
わかれば忘れず、実践できます。

★ 緑のマーカーで、おいしくなる
Point コツを確認。アレンジの方法、豆知
識も読み、調理に活かしましょう。

料理に合ったサイズの
フライパン・鍋を使う

その料理に適した鍋やフライパン
のサイズを選んで、調理しましょ
う（→p.14）。

栄養や調理の
まめ知識を活かす

栄養の知識や食材・調理のまめ情
報は、メニュー決めや調理の参考
になります。

火加減や時間を
間違えない

火加減・油の温度・時間は太字に
しているのでひと目でわかります。

調理時間を確認

調理スタートから「いただきま
す」までどのくらいかかるのか、
段取りの目安にします。

バランスのよい
献立をつくる

メイン料理では、組み合わせにお
すすめの副菜を確認。献立づくり
に役立てましょう。

カロリーを把握する

ダイエット中の人や健康管理をし
ている人は、カロリーも確認しま
しょう。

こんなときは

食材の切り方、下ごしらえで
つまずいた　　　　　　　⟫⟫⟫　p.178

わからない料理用語がある　⟫⟫⟫　p.189

家にある材料で
つくれるものが知りたい　　⟫⟫⟫　p.190

CHAPTER 1

料理上手に近道しよう！

おいしい料理の
コツ

おいしい料理を手際よくつくれるようになるには、
いくつかのコツがあります。
使いやすい道具を使うこと、食材や調味料をはかること、
味見をすること——
一見、ちょっと遠回り!?
でも実は、このCHAPTERで紹介する
これらのコツこそが、料理上手になる近道なのです。

この本を使った
おいしい献立のつくり方

毎日のごはんの組み合わせを考えるのは意外と難しいもの。
味、栄養、彩りのバランスがかんたんに整う献立の考え方を紹介します。

STEP 1

本書のCHAPTER 3からメインを決める

肉や魚を使い、たんぱく質を摂るのがメインのおかずです。
本書のCHAPTER3（p.54〜）から、メインを選びましょう。
なるべく、昨日と違う食材、調理法、味つけのものを選ぶと
栄養バランスがよく、メニューにバリエーションが生まれます。

> 今日は鶏もも肉を使って
> 照り焼きにしよう！

STEP 2

本書のCHAPTER 4から副菜を決める

メインだけでは不足するビタミン、ミネラルを摂るのが副菜です。
メインのページで「おすすめ組み合わせ」として
合わせる副菜を紹介しているので、そちらを参考に、
CHAPTER4（p.128〜）から1〜2品選びましょう。
この本では、副菜を和食、洋食などのジャンルと
味わいで、下記のように分けて紹介しています。

> 和食の副菜を2品つけるときは、（大）と（小）から1品ずつ選びます。どちらかをこくうまにしたら、もう一方はさっぱりにして。メインが野菜をたくさん使ったものなら、サブは1品でも、なくてもOKです。

> 副菜（小）は「ひじきの煮物」でこくうま味に！

	和食		洋食・中国料理
	副菜（大） 食べごたえのあるおかず	**副菜（小）** 野菜中心の軽めのおかず	**サラダ類** サラダや煮込みなど
こくうま こく・旨みを感じさせる副菜。煮物やマヨネーズのサラダなど	蒸し野菜 p.46 野菜の焼きびたし p.128 いかと里いもの煮物 p.129 かぼちゃの煮物 p.129 高野豆腐の含め煮 p.130	白和え p.48 きんぴらごぼう p.136 ひじきの煮物 p.137 小松菜と油揚げの煮びたし p.138 切り干し大根の煮物 p.138	ラタトゥイユ p.144 マカロニサラダ p.145 コールスローサラダ p.145 ポテトサラダ p.146 ジャーマンポテト p.147
	こくうま味のたれ ▲ 多め ◀ 冷やっこ p.134 ▶ 少なめ ▼ さっぱり味のたれ	こくうま味のたれ ▲ ゆで青菜七変化 p.44 ▼ さっぱり味のたれ	じゃがバター p.141 こくうま味のドレッシング ▲ グリーンサラダ p.142 ▼ さっぱり味のドレッシング
さっぱり あっさり味を楽しむ副菜。酢の物やおひたし、漬け物など。	たことわかめの酢の物 p.131 焼きなす p.131 茶碗蒸し p.132	野菜の浅漬け p.47 たたききゅうり p.139 かぶの甘酢漬け p.140 れんこんの梅肉和え p.140 ゆで枝豆 p.141	ゆでとうもろこし p.141 にんじんサラダ p.147 春雨サラダ p.148 大根とじゃこのカリカリサラダ p.149 豆もやしのナムル p.149

> 副菜（大）は「たことわかめの酢の物」でさっぱり味

調理する

きほんの一汁三菜

> このメインは
> 野菜もたっぷりなので、
> ひじき煮をなくして
> 一汁二菜でもOKです。

和食の献立の基本が、一汁三菜です。ごはんなどの主食に、汁物とおかず3品をつけた食事をいいます。おかず3品は、肉・魚などのメインと、ボリュームのある大きい副菜、軽めの小さい副菜と考えるとよいでしょう。メインとサブのおかずは、なるべく食材や調理法、味つけが重ならないように選ぶと、栄養バランスも食事の満足度も高くなります。

 別の日は……

Another Day 1
一汁一菜

たっぷり野菜なら1品でもOK

肉野菜炒めのように、肉などのたんぱく源が入り、野菜もたっぷり使った料理の場合は、汁物をつければ十分。毎日の食卓では、おかず3品にこだわらなくても大丈夫です！

Another Day 2
洋食

サラダを足せば栄養満点！

洋食は、メイン料理に野菜をつけ合わせて同じプレートに盛ることが多いため、サラダをつけて野菜を補えば栄養バランスが整います。主食をパンにして変化をつけても。

フライパンと鍋の大きさができあがりを左右する

レシピの加熱時間や水の量は、適切なサイズのフライパンや鍋を使った場合のもの。サイズが違えば熱の入りや水分の飛ぶスピードが違うので、料理の仕上がりも変わってしまいます。本書でも使っている、2人分の調理に使いやすいサイズを紹介します。

フライパン

メインで使う26cm

炒め物やパスタ、ぴったりの蓋をすれば、煮魚やゆで物にも使えます。1つ買うならまずこのサイズがおすすめ。

便利な22cm

ソテーや少量の炒め物、揚げ物、卵料理や、お弁当のおかず向き。小回りが利いて使いやすいです。

軽くて焦げにくいフッ素樹脂加工がおすすめ！

 ✕ サイズが合わないと

食材に対してフライパンの余白が多い
▶ 水分が早く蒸発し、味、火の入りにムラができる
▶ 炒め物は焦げやすくなる

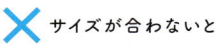 **○ サイズがぴったりだと**

フライパンに食材がちょうど納まり、返すゆとりもある
▶ 食材に味、火が入りながら水分が蒸発し、おいしく仕上がる

メインで使う
フライパン
26cm （実物大）

メインで使う
鍋
18〜20cm （写真は18cmの実物大）

鍋

メインで使う18〜20㎝

パスタや青菜をゆでるとき、煮物やカレーをつくるときなどに使います。1つ買うならまずこのサイズから。

便利な14㎝

2人分の汁物や、ちょっとした揚げ物、野菜の下ゆでなどに重宝します。

サイズが合わないとどうなる？

小さすぎる

- 水の蒸発量が少なく、煮物が水っぽい仕上がりになる
- 混ぜにくく火の通りが悪くなる

小さめの鍋でつくる工夫

- だし（水分）は具がひたる程度に減らす
- 少し具を出すなどして混ぜる

ジャストサイズ

- ちょうどよい水加減で、味が決まる
- 混ぜやすく、火もきちんと通る

おいしくできる！

大きすぎる

- 具が煮汁にひたらず、煮汁がすぐ蒸発して火の通りが悪くなり煮詰まってしまう。

大きめの鍋でつくる工夫

- だし（水分）を材料がひたる程度に多めにする
- 途中で様子を見て、だしの蒸発量が多いようなら足す

落し蓋は14㎝鍋に合わせて

煮込みに欠かせない落し蓋。小さいほうの14㎝の鍋に合わせて1枚用意すれば、大きな鍋にも使えます。クッキングシートで手づくりもできます。

シンプルな1枚板タイプが洗いやすい。

手づくりするなら、クッキングシートとはさみを用意して。

クッキングシートを使った落し蓋のつくり方

1 フライパンや鍋の大きさに合わせてクッキングシートを正方形に切る。

2 4つ折りの正方形にし、対角の角を合わせて半分、さらに半分に折って細い三角にする

3 開いたときに丸くなるよう、端を切り落とす。

4 三角の先端をカットし、側面を3か所ほどV字に切り落とす。

本書では、レシピページにフライパン・鍋のおすすめサイズを記載しています。調理の参考にしてください。

使いやすい道具があれば調理の手際はグッとよくなる

初心者は、家にある道具だけで調理しようとしがち。まずは、基本的な調理道具をそろえましょう。それだけで手際がグッとよくなります。 ❗ラク は、手間をカットできるアイテムなので試してみて。

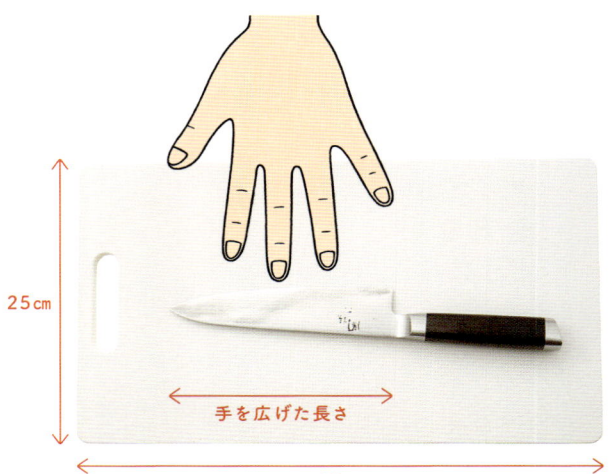

手を広げた長さ
25cm
40cm

切る道具 　作業スピードを上げる

三徳包丁（または牛刀）

肉、魚、野菜とさまざまな食材を切れます。手を広げた親指から小指までの長さが、自分に合ったサイズの目安（18〜22cm）。切れにくく感じたら、砥石などで研いで。切れない包丁は力と時間がかかり、見た目も悪くなります。

まな板

40×25cmくらいなら食材がこぼれず使いやすいですが、台所に合わせてもっと小さくても。白いプラスチック製なら漂白も可。ほどよい重みがあると、切っていて動きにくいです。

おろし器

しょうがや大根などをすりおろす道具。写真のような受け皿のついたもののほか、板状のものも。

❗ラク

ささがき、薄切りも！

皮むきのほか、ごぼうのささがき、にんじんのリボン状の薄切り、大根やかぼちゃの面取りにも使える、「ラク」グッズのひとつ。端の突起は、じゃがいもの芽取りにも。

ピーラー

❗ラク

せん切り、薄切りはおまかせ！

刃をつけ替えることで、せん切り、細切り、薄切りとさまざまな切り方が可能。包丁と比べると断然早く、切った形もきれいにそろいます。

スライサー

調理の容器 　手際がよくなる

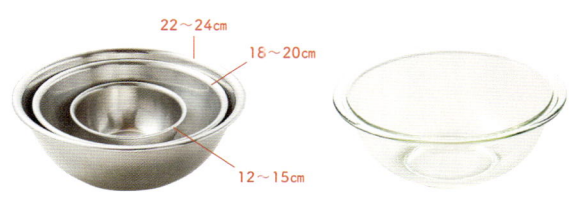

22〜24cm
18〜20cm
12〜15cm

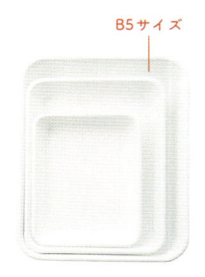

B5サイズ

ボウル（大・中・小）

大は野菜を洗う、中はハンバーグのタネをこねる、小は卵やドレッシングを混ぜるなど、サイズを使い分けて。ステンレス製なら色や臭いの移りがなく、軽くて丈夫。

ガラスボウル

レンジ加熱できるガラス製ボウルもあると便利です。1つ買うなら、左記ステンレス製の「中」と同じくらいのサイズを。

ザル

水きりや湯きりに使用。ボウルと同じサイズなら、重ねて使えます。まずはボウルの「中」サイズを。ステンレス製なら、ゆでたてのものも安心して入れられます。

バット（大・中・小）

切った後の食材や、ゆでたり炒めたりした食材を仮置きするのに便利。大をB5サイズとして、中、小とそろえると作業スペースを広く使えます。

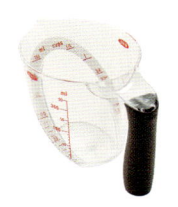

計量カップ

1カップ＝200mℓ。写真のタイプは、上から見ても量がわかりやすいです。

ラク

複数セットあれば洗う手間なし

大さじ、小さじは複数セットあると便利。大さじは砂糖、小さじは塩のケースに入れたままにしておいても。口径が広いものは液体が多く入るので注意して。

計量スプーン

デジタルスケール

2kgまではかれるものなら、鍋を置いて、水やだしを重さではかることができます。写真はシリコンカバーつきで、取り外して洗えます。

キッチンタイマー

煮込み時間などをはかっておくと、加熱しすぎを防げます。押し続けて時間指定するタイプもありますが、写真のように時間を入力できるものがおすすめ。

混ぜる、すくう道具
使いやすいものを選びたい

菜箸

長すぎず、自分に合ったものを使って。柄についたひもは切ったほうが使いやすいです。

木べら

炒める、混ぜるなどの調理に使用。穴あきタイプは混ぜたときに水分が通り、さばきやすいです。

フライ返し

ハンバーグやソテーを崩さず返すことができます。フライパンを傷つけにくい樹脂製がおすすめ。

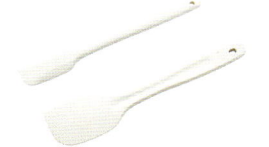

ゴムベラ

容器や鍋に残ったたれなどを、きれいにすくい取れます。大小あると◎。

アク取り

汁に浮いたアクを取るほか、ゆで野菜をすくい取る際にも便利です。

お玉

汁物、煮物を混ぜ、すくう道具。持ちやすいものを選びましょう。

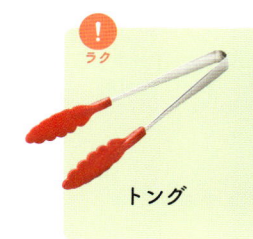

ラク

手のように使える

大きめの肉や魚を挟んだり、パスタをつかんだりするのが菜箸よりもかんたんです。初心者なら持っておきたいアイテム。

トング

消耗品

洗い物を減らす効果も

 ラク

ペーパータオル

油きり、しっかり、一般の3タイプがあると便利。しっかりタイプは洗って繰り返し使えるので、調理中にまな板を拭くのにも便利。

 ラク

ポリ袋

食材を漬ける際、ポリ袋に入れると少ない調味料で汁がいきわたりよく漬かります。冷蔵庫で場所を取らず洗い物も減らせて一石三鳥。

- クッキングシート
- ラップ
- アルミホイル
- 竹串

台所のコックピット化でストレスフリーに

「コックピット化」とは、必要なものをすぐ手にできる状態にすること。探し物や取りに行く手間の少ない、ストレスフリーな台所を実現できます。小さな不便さを感じたら、無視せず改善法を探ってみて。

食品棚

火の道具
鍋／フライパン／蓋／油／調味料

作業する道具
菜箸／ピーラー／トング／ふきんのストック

水回りの道具
ボウル／ザル／包丁／まな板／洗剤

保存の道具
ラップ／アルミホイル／ポリ袋／保存容器／輪ゴム

① 使う場所の近くに置く

鍋やフライパンはコンロ近く、よく使うラップや菜箸は作業台の近くというように、使う場所の近くに置いておくとすぐに手が届きます。右記は置き場所の例です。

② 塩、砂糖に計量スプーンを入れておく

よく使う塩、砂糖、小麦粉、片栗粉はコンロ近くを定位置にしましょう。容器に計量スプーンを入れておけばいちいち取り出してくる手間が省けます。変質しやすいので、金属製でないものがおすすめ。

③ カテゴリに分類して保存する

仲間同士をまとめておくと、目当てのものをすぐ見つけられます。食品なら「パスタ類」「缶詰」「乾物」、引き出しの中なら「刃物類」「長い調理器具」という具合です。

④ 容器は重ねてスッキリ

たくさん必要な保存容器やボウルなどは、スタッキング（重ねて収納）できるものが◎。保存容器などを新しく購入するときは必ず「重ねられるか」をチェックして。

⑤ 調理中の菜箸は小バットに置く

調理中の菜箸やお玉は、専用のスタンドもありますが、小バットに置くのがおすすめ。最初は切った食材を置いておき、鍋などに移した後に菜箸やお玉を置けば洗い物も増えません。

⑥ よく使う調理器具は立たせて

菜箸、お玉、木べら、フライ返しなど、自分がよく使うものは作業台に出しておくとすぐに取り出せます。瓶にビー玉や小石を入れて重しにすると倒れず、手入れもラク。

⑦ シンク下は乾物NG

水気のあるシンクの下は、濡れてもよいものだけ収納しましょう。昆布や切り干し大根などの乾物、粉ものなどは湿気やすいので避けて。

冷蔵庫も「仲間分け」収納で探す時間0に

定位置を決める

ジャムやバターは1段目、たれや調味料は2段目など、定位置を決め、トレーや保存容器を使ってグループごとに入れておきましょう。どこに何があるか把握しやすく、開けっ放しで探し物をしたり、あるものを間違えて買い足してしまうミスを減らせます。

Ⓐ トレーでグルーピング

朝食のジャムや、ごはんのおともなど、仲間同士を同じトレーに入れておけばいちいち探す手間が省けます。トレーのまま食卓へ出しても◎。

Ⓑ つくりおきもひとまとめ

野菜の浅漬けや肉のみそ漬けなどは、ポリ袋で漬けると省スペースです。液もれしてもよいよう、トレーにまとめて。

Ⓒ 切りかけ野菜BOXで迷子知らず

切りかけで半端に余った長ねぎ、にんにく、しょうがなどは、容器にまとめておくと迷子になりません。野菜室より温度の低い冷蔵室で保存します。

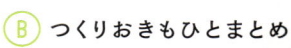

Ⓓ 食卓に出せる容器で保存

副菜のつくりおきは、陶器やガラス製の保存容器に入れて。ふつうの器に見えるので、そのまま食卓に出しても手抜き感がありません。

野菜は洗ってから収納

買った野菜はそのまま野菜室に入れず、まとめて洗っておくと、調理時にいちいち洗う手間が省けます。水気をよくきり、「葉野菜」「実野菜」「細長い野菜」など袋に分けておきましょう。

冷凍庫内は袋で仕分け

さまざまな食材が集まる冷凍庫は、整理しないと迷子が続出します。「肉」「魚」「惣菜」など袋に分けて入れておくとひと目でわかり、探し物の時間を減らせます。

食材はきちんとはかるのが 料理上手への最短ルート

食材の量を感覚で用意すると、味や火の入りがレシピとは異なってしまいます。特に、塩加減の重要な漬け物や、火加減の重要な炒め物、煮物など、最初はレシピ通りにはかってみましょう。それだけでも仕上がりが変わるはずです。

デジタルスケールの使い方

容器をのせ、0表示にする（容器の重さを除いて表示できる）。

食材をのせ、重さをはかる。

粘質の調味料をはかっても

マヨネーズなど計量スプーンではかりにくい調味料は重さではかる方法も。本書のレシピはgも書いています。
- ボウルごとスケールにのせ、調味料を加えてはかる（写真）。
- 鍋などに加えるときは、調味料ボトルごとスケールにのせて一度0表示にし、鍋に調味料を加えた後、再度重さをはかってマイナス表示された量＝鍋に加えた量としてはかる。

食材の重さを知ろう

きゅうり
1本

= 100g

きゅうりは1本がだいたい100gなので、基準に覚えておくと便利！

食材100gの目安

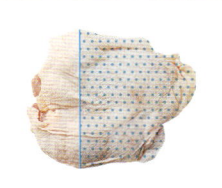

若鶏もも肉2/5枚

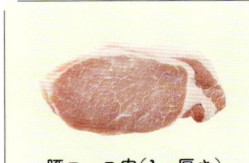

豚ロース肉（1cm厚さ）
1枚
（しょうが焼き用は4枚）

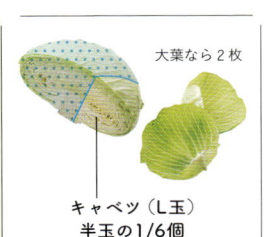

大葉なら2枚

キャベツ（L玉）
半玉の1/6個

小松菜1袋の1/2
＝ひとつかみ分
※冬は1袋が350gほどに増えることも

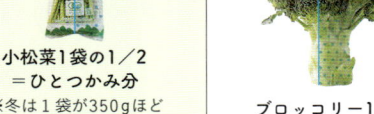

ブロッコリー1/3株

かぼちゃ1/4の
1/3個

にんじん2/3本

2cm=100g
1cm=50g

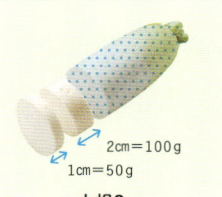

大根2cm

じゃがいも小1個
（中1個は150g）

玉ねぎ1/2個

長ねぎ1本

パプリカ2/3個

レシピのわかりにくい分量

 ほうれんそう1束
=
1袋分（200g）

 ほうれんそう1株
=
25〜50g

 しょうが1かけ
=
親指の第1関節くらい（10g）

 にんにく1片
=
10g

レシピのグラム数は皮も含む？
通常、レシピ本に書かれているのは、皮や種など食べない部分を含んだ重さです。

「適量」「適宜」は違う？
「適量」は、適した量、好みの量のこと。「適宜」は、必要なら好みで加えるということ。

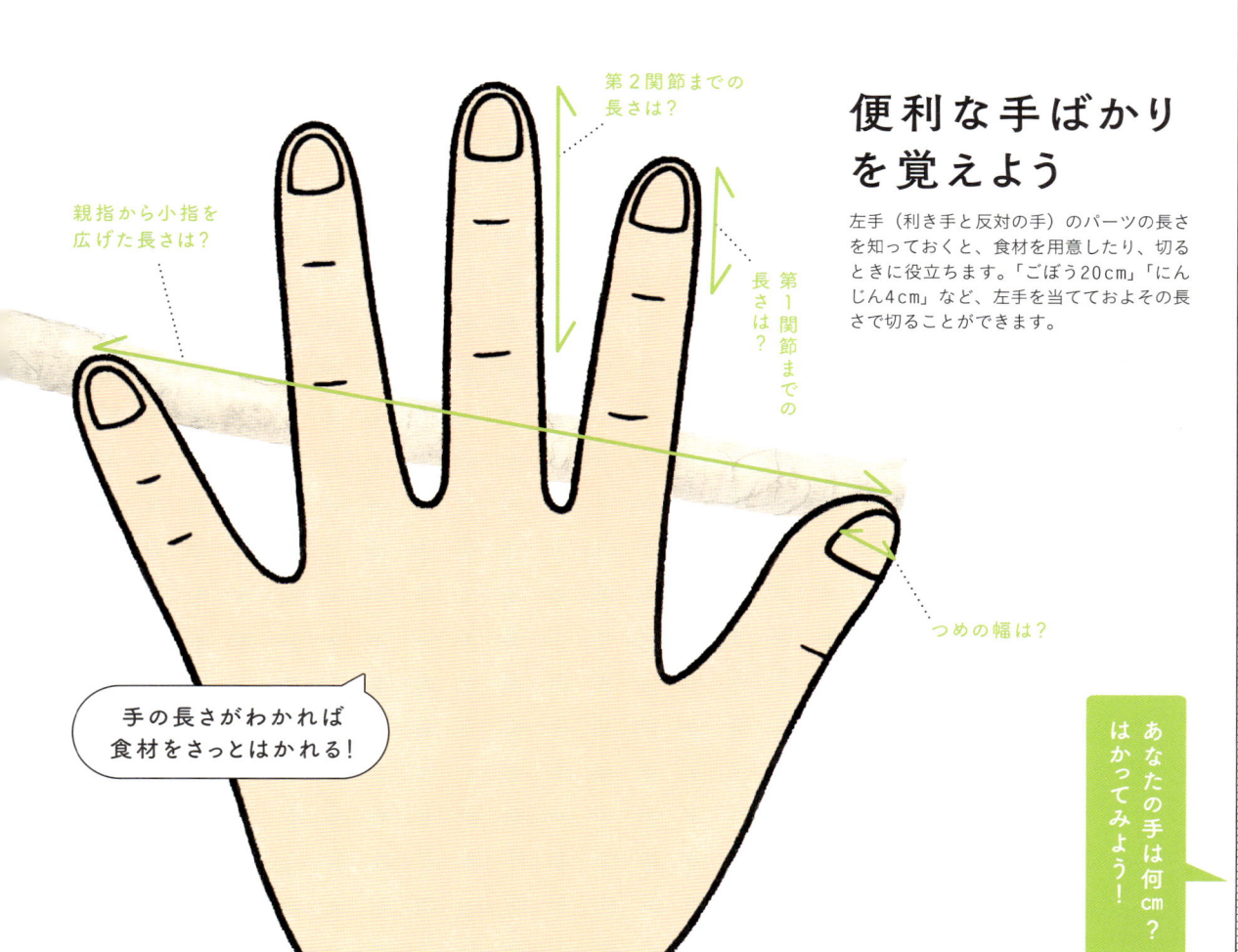

第2関節までの長さは？

親指から小指を広げた長さは？

第1関節までの長さは？

つめの幅は？

手の長さがわかれば食材をさっとはかれる！

便利な手ばかりを覚えよう

左手（利き手と反対の手）のパーツの長さを知っておくと、食材を用意したり、切るときに役立ちます。「ごぼう20cm」「にんじん4cm」など、左手を当てておよその長さで切ることができます。

あなたの手は何cm？はかってみよう！

包丁の持ち方・立ち方を変えればトントン切れる

立ち方

やや前傾姿勢になり、真上から手元を見下ろす。刃の向きが安定して、スムーズに切れる。

作業台と身体の間はこぶし1つ分空ける。

ひじを前後に動かせるように、身体を斜めに開いておく。

足は肩幅くらいに開き、右足を1歩後ろに下げてつま先を開いて立つ。

✕ 正面を向くと切りにくい

正面を向いて立つと、まな板に対して包丁が斜めになり、切ったものも斜めにゆがみやすくなります。

○ 右足を下げてまな板を広く

右足を1歩下げ身体を開くと、まな板に対して包丁が垂直になり、食材をまっすぐ切れます。

包丁の握り方

人差し指を刃元に添えて握ります。また、人差し指を伸ばし、包丁の背に当てると細かい作業が安定します。

反対の手の添え方

包丁に触れる

軽く握り、指先は内側に折り曲げます。中指の第1関節が包丁に触れるようにし、位置をずらして切る厚みを調節します。

包丁の動かし方

野菜は押すように前に動かすと、リズミカルに切れます。肉、魚は前後に動かし、刺身は刃全体を使って引きながら切ります。

まな板は裏表使う

まな板は、野菜を切る面と、肉、魚を切る面とを使い分けると衛生的に使えます。目印にマークを書いておくと◎。

食材の切り方

「トントンとスムーズに切りたい」「もっときれいに切れないかな？」
など、特に悩みが多い切り方を紹介します。

大きさがわかりにくい
ひと口大

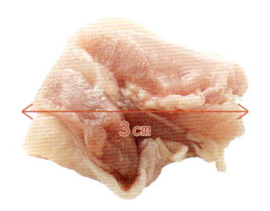

3cm

レシピによくある「ひと口大」は、口に入りやすい大きさのこと。3cmくらいが目安です。

細さをそろえたい！
キャベツのせん切り

葉は芯を落とし、中葉なら1枚ほどをクルクルと丸めます。最初は少なめのほうが切りやすいです。

左手で高さを押さえて端から切ります。左手を徐々にずらし、せん切りの幅を調節しましょう。

最後までうまく切れない
玉ねぎのみじん切り

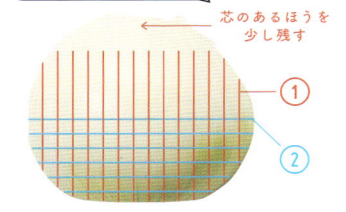

芯のあるほうを少し残す

① ②

①縦半分に切り、切り口を下にして縦に細かく切り込みを入れ、②90°回して端から切ります。

芯 ③ ④

残った玉ねぎは、③芯を中心に放射状の切り込みを入れ、④周りを切りましょう。

かたくて切りにくい！
かぼちゃの切り方

支点

刃先から入れて左手で押さえ、てこの原理で刃元を下ろすとスムーズに切れます。薄切りも同様です。※刃こぼれの原因になるので、途中で包丁が動かなくなっても、左右に動かさない。

そろわないし時間がかかる
きゅうり、にんじんのせん切り

薄切りにしたものをずらしながら重ね、端から切ります。スライサーを使うとあっという間で、細さもきれいにそろいます。小さくなったら包丁で切りましょう。

種が飛び散る……
ピーマンのヘタ取り

ピーマンの溝に包丁を入れ、半分に切ります。そうすると種が飛びにくいです。

ヘタを上からグッと押し込んで、実から外します。手に種もつかず、きれいに取れます。

指を切りそうで怖い！
皮のむき方

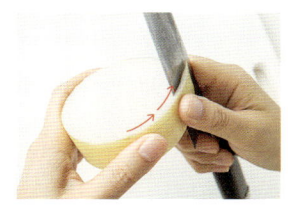

包丁を中～小指の3本で持ち、刃を皮の下に切り入れます。親指を皮に添えてリードしながら、左手で食材を回してむきます。

下ごしらえの5大ギモンに答えます！

鶏の照り焼き

余分な油を拭き取るとたれが絡んで照りが出てくる

材料（2人分） フライパン

鶏もも肉…1枚（250〜300）
塩…小さじ1/6 → **塩**
酒…大さじ1/2 → **酒**
A 砂糖…大さじ1
└ みりん…大さじ1
└ しょうゆ…大さじ1
サラダ油…小さじ2

Q1

後で味つけするのに、生肉に塩、酒をふらなきゃいけないの？

火を入れて肉がかたまる前のほうが、味がよく染み込みます。

たんぱく質は火を入れるとかたまってしまい、味が入りにくくなります。生肉のうちに下味をつけることで、味がよく入り、噛んだときにじわっとあふれる旨みになります。塩、酒には臭みを取る効果もあり、いつもの肉がグッとおいしくなります。

Q2

肉や魚にまぶす片栗粉は必要？味は変わらないのでは？

肉や魚がかたくなるのを防ぎ、肉汁を閉じ込めます。

片栗粉に味はありませんが、そのでんぷんによって肉や魚のたんぱく質が、かたく締まるのを防ぐことができます。また、表面をかためて、肉汁や旨みを閉じ込める働きも。ソースやたれなどの調味料もよく絡むので、結果的にしっかり味がのります。

肉野菜炒め

肉はさっと煮＆片栗粉でやわらか！シンプルな調味料でも旨みたっぷり

材料（2人分） フライパ

豚バラ肉…100g
A 塩、こしょう…各少々
└ 片栗粉…小さじ1
にんじん…30g
玉ねぎ…1/4個
ピーマン…1個
キャベツ…2枚

→ **肉に片栗粉**

ぶり大根

下ゆで

1 大根を下ゆでする
鍋に水、昆布を入れて20分ほどおく。戻った昆布は3cm角に切り、鍋に戻し入れる。しょうがは皮をこそげ、薄切りにする。大根は皮をむき、2cm厚さの半月切りにする。米のとぎ汁で少し透き通るまで中火で10〜15分ゆで、洗う。

Q3 下ゆではなんのため？ 1回煮るだけではダメ？

おもにアクや臭みを取るためです。

本調理の前にあらかじめゆでておく下ゆで。食材それぞれに意味があります。下ゆでを省くと生煮えになったり、アクや臭みが残ってしまうので、面倒でも一度試してみて。

下ゆでの効果と方法

食材	下ゆでの効果	加えるタイミング	沸騰後のゆで時間
大根などの根菜	火の通りをよくし、アク、臭みを抜く。水分が抜け、本調理の際に味も染みやすくなる	水から	やわらかくなるまで10〜15分くらい
肉	余分な脂を落とし、アク、臭みを抜く	沸騰してから	表面が白くなるまで1〜2分
豆腐	水分を出す。切った表面がかたまり煮崩れしにくくなる	沸騰してから	温まる程度に2〜3分
こんにゃく	アク、臭みを抜く（アク抜き済みの商品は不要）。味が染みやすくなる	沸騰してから	2〜3分

Q4 野菜を水につけるのはなんのため？

変色を防ぐ、シャキッとさせるなどの効果があります。

じゃがいもやなす、ごぼうなどは切り口から変色しやすいため、水にさらして変色を防ぎます。レタスやきゅうり、玉ねぎなどを生で食べるときは、切った後に冷水につけることで香りや辛みが和らぎ、水分を含んでシャキッとさせることができます。

グリーンサラダ

冷水につける

Q5 マリネサラダ、塩を2回に分けてふるのはなぜ？

1回目で水分を抜き、2回目で味をつけます。

塩を2回に分けてふるのは面倒にも思えますが、それぞれに意味があります。1回目の塩はしぼって水分を出すため、2回目の塩は味つけを決めるためです。先に水分を出しておくと調味料が入りやすくなり、水っぽくぼんやりとした味になるのを防げます。

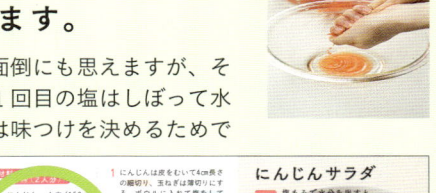

にんじんサラダ

塩が2回

火加減・水加減・油の温度を覚えて失敗知らず

調理にかかわる火加減・水加減・油の温度を間違えると、水っぽくなったり、焦げついたりして、失敗の原因に。レシピ通りつくれるよう、3つの加減を覚えておきましょう。

[**火加減**] ガスは火加減つまみの位置で判断せず、炎の大きさを確認します。IHはメーカーにより異なるので表示を確認して。沸騰の様子や煮汁の残り具合で火を調整しましょう。

	とろ火	弱火	中火（基本は中火！）	強火
火の状態	弱火よりさらに弱く、やっと火がついているくらいの状態。	小さな炎で、鍋底に当たらない状態。煮汁のふつふつした状態は保つ。	炎の先が鍋底にほんのり触れる状態。通常、レシピに火加減が書いていないときは中火を指す。	炎が鍋底全体に勢いよく当たる状態。炎が鍋底からはみ出さないように。
IH 7段階		1 2	3 4 5	6 7
IH 10段階	L	1 2	3 4 5	6 7 8 9
IH 12段階	1	2 3 4 5	6 7 8	9 10 11 12
煮る		ことこと煮込む／カレー、ロールキャベツ	さっと煮る／煮魚	熱湯を沸かす
ゆでる		ゆでる／じゃがいもなど根菜	さっとゆでる／青菜、枝豆	一気にゆでるor続けてゆでる／しゃぶしゃぶ
炒める		焦げないように炒める／飴色玉ねぎ	炒める／炒め物	一気に炒める／飴色玉ねぎ
炒める			さっと炒める（実野菜、根菜／肉、魚介／葉野菜）	
焼く		中まで火を入れる／ハンバーグ、ステーキ	表面を焼く／ハンバーグ	表面をさっと焼く／ステーキ
蒸す		ゆっくり蒸す／茶碗蒸し	蒸す／蒸し野菜	

「弱めの中火」とは？
本書では、肉じゃがやだし巻き卵、グラタンのホワイトソースのつくりはじめなどに使用しています。中火では火が強すぎて水分が早く飛んだり、焦げる恐れがあるときなどに、火をやや弱めに調節します。

「強めの中火」とは？
中火をやや強くし、火を早めに入れたいときに使います。本書では、しょうが焼きの焼きはじめに表面に焦げ目をつけたり、茶碗蒸しの蒸しはじめに表面をかためるために火加減しています。

水加減

レシピでよく書かれる3つの水加減を押さえておきましょう。

ひたひた

食材が水面から少し出るくらいの量。

筑前煮など野菜から水分が出る料理に。

かぶるくらい

食材がちょうど隠れるくらいの量。

じゃがいもなどの根菜をゆでるときに。

たっぷり

食材が水にしっかりひたり、湯の中でおどるくらいの量。

青菜や枝豆のほか、ポトフなど長時間煮る料理に。

油の温度

油を軽く混ぜて温度を均一にしてから、水に濡らして水気を拭いた菜箸を入れ、温度をはかりましょう。

160℃

菜箸を入れると、箸先から細かな泡が少しずつゆらゆらと上がる状態。

野菜の素揚げなどに。

170～180℃

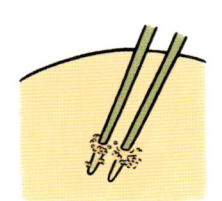

菜箸を入れると、箸全体から細かな泡がシュワシュワとのぼる状態。

基本はこの温度。唐揚げやとんかつなど。

180～190℃

菜箸を入れると、泡が勢いよく出る状態。

コロッケなどの表面をかためたいときに。

油の目分量を覚えると便利！

油は、大さじ1、小さじ1のおよその量を覚えておくと、いちいちはからなくてもOK。ご家庭のフライパンを使って、油を入れて傾けたときにどのくらいまでたまるかを覚えておきましょう。

あなたのフライパンでは？

大さじ1のとき。

小さじ1のとき。

自分に合った「だし」の取り方を見つけよう

料理はだしを利かせると味わいがグッと深くなります。ただ、本格的なだしを毎日取るのは大変。そこで本書では、生活スタイルや料理別に、おすすめのだしの取り方を紹介します。顆粒だし以外のラクな選択肢があることを、まずは知ってください。

本格的な味わいが欲しいときに

① 味わいがひときわ深い 基本のだし

だしの風味を楽しむような、すまし汁や薄味の煮物などをつくるときに。

材料

水 … 3 カップ
昆布 … 5g
けずりがつお … 10g

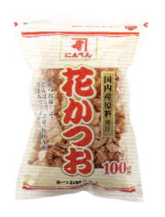

表面の白い粉は旨み成分。洗わず使いましょう！

1 昆布はペーパータオルなどで軽く拭いてほこりを取り、分量の水と鍋に入れて30分以上つける。

2 弱火にかけ、沸騰直前に昆布を取り出す。

3 けずりがつおを加え、再び沸騰してきたら火を止めて2〜3分おく。

4 ザルやみそこしを使って、こす。目が粗いときはペーパータオルを敷いてこすとかつおの粉もきれいに取れる。

！ ラク **冷蔵・冷凍ストックが便利**

たっぷり取って、保存しておくとすぐ使えます。冷蔵で2〜3日、冷凍で3週間が目安。専用ボトルを決めておくと習慣づけられます。

！ ラク **昆布は切っておくとすぐ使える**

昆布はあらかじめ1回分＝10cm長さに切って広口瓶に入れておくと、ポンと鍋に入れるだけ。いちいち切る手間を省けます。

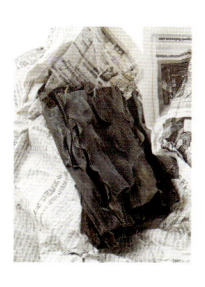

昆布とかつおの保存

昆布は、新聞にくるんで乾燥剤と一緒に常温保存。けずりがつおは、冷蔵または冷凍保存。解凍しなくてもそのまま使えます。

2 毎日のみそ汁に！ 市販だしパック

すまし汁には厳しいですが、毎日のみそ汁なら十分。原材料を確認し、調味料などが入っていないものを。

1 鍋に水400〜600mlとだしパック1袋を入れ、強火にかける。沸騰したら中火にし、1〜2分煮出す。

2 だしパックを取り出す。残っただしは冷蔵・冷凍保存できる（→左ページ）。

手づくりだしパック

かつおぶしと小さく切った昆布を、市販のお茶・だしパック袋に入れておきます。休日にまとめてつくっておくと便利。粉のかつおぶしなら、さらにだしが出やすいです。

3 溶かすだけ！ 顆粒だし

湯にふり入れればだしの味を出せる、もっとも手軽なタイプです。表記の分量に従い、湯に溶かして使います。

無添加タイプ

筑前煮など、ほかの具の旨みも出る煮物に少し使う程度なら、味が単調にならない。塩分が入っている商品もあるので、確認して、味を薄めに。

一般タイプ

きんぴらごぼうなど、味が濃いものに少し使うなら0K。多く使うとだしの素特有の味になるので、使いすぎに注意。塩分が多いので味つけは薄めに。

4 注ぐだけ！ 即席だし

けずりがつおに熱湯をかけてつくる即席だし。酢の物、梅肉だれなど、少量のだしが必要なときに便利。茶こし、みそこしを使えばけずりがつおの処理もかんたん。

1 茶こしにけずりがつお1パック（2〜3g）を入れ、小さめのボウルに置く。熱湯200mlを注ぐ。

2 3分ほどおいたら、茶こしを引き上げる。

大さじ・小さじで、味をぴったり決めにいく

同じ調味料でも、分量によって仕上がりの味は大きく変わります。特に塩分は味の要。料理上手になりたいなら、まずはきちんとはかってレシピの正しい味つけを覚えましょう。そこからスタートして、自分好みの味つけを見つけるのが上達の近道です。

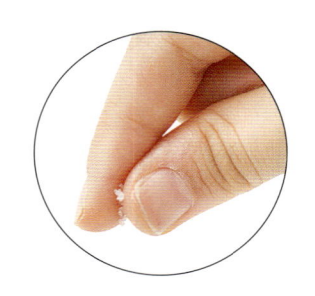

実物大

小さじ1/8 1/2からさらに4等分し、水玉部分の3/4を落として残った量。

Q この本で、塩を小さじ1/8まではかるのはなぜ？

塩加減が味の決め手だから。

本書のレシピでは、「塩小さじ1/8」まではかります。「少々」としないのは、「少々」とはごく少量で、小さじ1/8よりずっと少ないから。小さな違いのようで、塩加減は味に大きく影響するので、小さじ1/8と表記しています。

Q 「少々」ってどのくらい？

塩なら、指2本でつまんだ量のこと。

塩…少々 » 親指と人差し指の2本でつまんだ量。卓上の塩入れなら1ふりが目安。
こしょう…少々 » 卓上のこしょう入れなら2ふりが目安。
しょうゆ…少々 » 小さじ1/4程度、5〜7適が目安。

調味料のはかり方

基本の分量 » 小さじ1＝5㎖　大さじ1＝15㎖　1カップ＝200㎖

粉末　粉末はすりきる

小さじ1
山盛りにすくい、別のスプーンの柄で平らにすりきる。

小さじ1/2
小さじ1をはかった後、真ん中に柄を立てて半分を落とす。

実物大

小さじ1/6
1/2からさらに3等分し、水玉部分の2/3を落として残った量。

液体　液体はこんもり

小さじ1
計量スプーンの縁に液体が盛り上がる量。

小さじ1/2
見た目には2/3くらいまで注ぐ。

粘質　粘質はぬぐい落とす

小さじ1
ケチャップ、マヨネーズなどは、表面を平らにすりきる。

しっかり取る
スプーンに調味料を残すと味が変わるので、ゴムベラなどで取る。

計量カップ

計量カップは線ちょうど

平らなところに置き、線ちょうどのところまで入れる。粉類やけずりがつおは、トントン落とさず、ふんわりさせた状態ではかる。

> **！ラク　計量スプーンは粉末→粘質→液体の順に**
>
> 洗い物を増やさないコツとして、粉末→粘質→液体の順にはかり、最後の液体でスプーンをすすぐと、スプーンに調味料が残らずスムーズに調味できます。砂糖には大さじ、塩には小さじ（金属製でないもの）を入れておくと、さらに効率upに！

「味の法則」でアレンジ上手に

塩分と甘みの法則を知っておくと、違う調味料に置き換えてアレンジを楽しむことができます。

同じ塩分　炒め物、煮物など、同じ塩分で置き換えれば別の味を楽しめます。

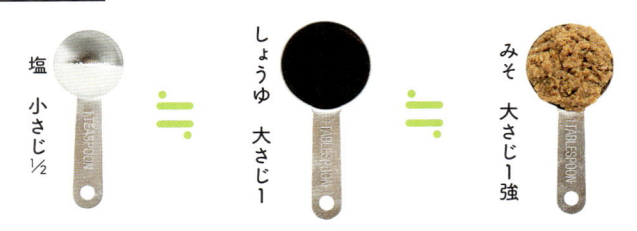

塩　小さじ½　＝　しょうゆ　大さじ1　＝　みそ　大さじ1強

同じ甘み　みりんの代わりに、砂糖と酒で味つけできます（→p.188）。

砂糖　大さじ1　9g　＝　みりん　大さじ1と½　27g

直接的な強い甘み。水分を保ち、食材をやわらかくする。

もち米を糖化させた、優しい甘み。ツヤ出しや臭い消しにも。

おいしい味つけ順は「さしすせそ」

 さ　 し　 す　せ　そ

砂糖　塩　酢　しょうゆ　みそ

この順に調味するという味つけのルールです。

・砂糖は塩に比べて味が入りにくいので、先に加えます。
・しょうゆ、酢、みそは香りを残すため後に入れます。

レシピを倍量つくるコツ

炒め物、揚げ物、和え物
食材、調味料などをレシピの2倍にします。

煮物、煮込み料理
食材は2倍、調味料は1.7〜1.8倍にし、最後の味見で調整します。だしは元のレシピの1.5倍ほどを入れてみて、足りないようならプラスしましょう。

味見でおいしさを仕上げる！

味見はとても重要です。基本的にこの本の通りにつくればおいしくできますが、鍋や食材の大きさによって、その通りの味になるとは限りません。つくった本人が味を確認し、調節しましょう。

味見のポイント

炒め物

肉と野菜を一緒に食べて、味を確認します。

煮物

にんじん、ごぼうなど、火や味が入りにくいものを味見。冷めていく時間で味がより染み込むので、ちょっと薄いくらいでOKです。

和え物

調味料がつかっている下のほうをつまみましょう。

汁物

よく混ぜて、温かいものを飲みましょう。

味が薄いとき
レシピで使っている調味料の中から、足りなそうなものを増やします。

- **味が薄い** ≫ 塩orしょうゆorみそ
- **甘みがない** ≫ 砂糖orみりん
- **物足りない** ≫ こしょう
- **さっぱり味の料理がぼんやりしている** ≫ 塩or酢orしょうが

＊煮物は煮詰めが足りずに薄味に感じることも。具が煮崩れしそうなときは具を取り出し、煮詰めてから具を戻し入れます。

味が濃いとき
具を追加して、全体的な味の印象を薄めます。

炒め物は
具や豆腐を追加
汁が出ていれば捨てて、汁に具がつからないようにします。レンジ加熱した具や、豆腐、もやしなどを追加しましょう。

煮物は
だしと具をプラス
だし少量とレンジ加熱した具を追加して、煮崩れしない程度に煮て味を薄めましょう。

焼き魚、肉の
ソテーは別料理に
身をほぐしてひと口大にし、大根おろしで和えたり、サラダに追加するなど、味のない食材と合わせて別料理にします。

その他の料理

- **しょうが焼き** 　肉を小さく切り分け、炒めた玉ねぎとピーマンと混ぜるなどアレンジ料理にします。
- **汁物** 　だし、または水を加えて調整します。
- **和え物** 　中の具を増やすか、だしをプラスして、味を緩和させます。

「味は控えめにつける」
のがコツ

濃い味のリカバリーはちょっと手間。味を見ながら、控えめに調味すると安心です。用心深く調味すれば、失敗も減るでしょう。

CHAPTER

2

みんな大好き！
定番料理10品

家庭でつくりたい定番料理10品のレシピを紹介します。
「焼く」「煮る」「炒める」などの
基本的な調理から1品ずつ紹介しているので、
料理初心者の方でも、この10品をつくるだけで
ひと通りの調理のコツがわかるはずです。

基本のハンバーグ

おいしいコツ ジューシーな味わいは
タネのほどよい
粘り気が決め手

🕐 **30** min 🔥 **522** kcal

材料（2人分）　フライパン ≫≫ **26**㎝（入れば22㎝）

合いびき肉…250g
玉ねぎ…1/4個
A パン粉…1/2カップ
　牛乳…大さじ2
　卵…1個
　塩…小さじ1/3
　こしょう…少々
　ナツメグ（あれば）…少々
サラダ油…小さじ2

ソース
　ケチャップ…大さじ1と1/2（23g）
　中濃ソース…大さじ1（18g）
　しょうゆ…小さじ1
　水…大さじ1
　バター…10g

つけ合わせ
　にんじん…6㎝
　しめじ…1/2パック
　小松菜…50g
　塩、こしょう…各少々

⭐ **Point**
・合いびき肉を使うと牛と豚の風味が混ざり、複雑なおいしさが生まれます。
　なければ豚のみ、牛のみでもOK。
・パン粉が肉の焼き縮みを防ぎ、水分、脂肪を吸収して旨みを閉じ込めます。

COLUMN

同じフライパンで副菜も

ハンバーグを焼く前のフライパンで野菜を炒めれば、手軽に副菜をプラスできます。メインのついでに副菜をつくる習慣をつけると、栄養が整いやすいです。

おすすめ組み合わせ

 and

p.145
マカロニサラダ

p.177
クリーム
コーンスープ

1 ひき肉を混ぜる

玉ねぎは細かめのみじん切りにする。ひき肉に A とともに加えて、最初はつかむように混ぜ（写真上）、なじんだらボウルに沿って円を描くように粘りが出るまで混ぜる（写真下）。

★ Point
- 大きいみじん切りは口に当たるので、細かめに。
- 糸が引くような粘りが出るまで30〜40回混ぜます。混ぜすぎると肉が締まってかために。

2 タネを分けて形をつくる

2つに分け、一方の手に軽くたたきつけるようにして中の空気を抜く。楕円形に形づくる。

❓ ナゼ
焼いたときに空気が膨張して破裂し、肉汁が外に出るのを防ぎます。

3 つけ合わせをつくる

にんじんは皮をむき、ピーラーでリボン状にする。しめじは石突を取って小房に分け、小松菜は4cm長さに切る。フライパンに油小さじ1を熱し、野菜を中火で1〜2分炒める。塩、こしょうし、器に盛りつける。

❗ ラク
ハンバーグと同じフライパンを使えば、洗い物が少なく済みます。炒めた後はペーパータオルで軽く拭いて。

4 タネを焼く

フライパンに油小さじ1を入れる。2 のハンバーグの中央をへこませ、平らな面を下にして入れる。中火で4〜5分、きれいな焼き色がつくまで焼く。

❓ ナゼ
焼くと蒸気が上に抜けようとして、中央が盛り上がります。へこませておくときれいな形になり、中心部の生焼けも防げます。

5 裏返す→蓋をする

裏返し、蓋をして弱火で8〜10分焼く。竹串を刺して透明な汁が出るようならOK。器に盛りつける。

6 ソースをつくる

焼いたフライパンに焦げつきがあればペーパータオルなどで軽く取り、ソースの材料を入れる。中火で1分ほど煮立たせ、ハンバーグにかける。

★ Point
ソースに肉汁の旨みも加えるため、焦げた部分だけ拭き取りましょう。

肉じゃが

おいしいコツ　炒めてから煮ればコクが出て
ごはんが進む味わいに！

⏱ **30** min 🔥 **355** kcal

材料（2人分）　鍋 >>> 18~20 cm

牛薄切り肉（切り落としなど）
　…100g
じゃがいも… 2個（300g）
玉ねぎ…1/2個
にんじん…50g（1/3本）
しょうが…1/2かけ
さやいんげん… 3本
しらたき…100g（1/2袋）

A だし…3/4カップ
　砂糖…大さじ1/2
　酒、みりん、しょうゆ
　　…各大さじ1と1/2
ごま油…大さじ1/2

おすすめ組み合わせ

 and

p.44
ゆで青菜

p.135
冷やっこ

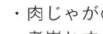
Point
・肉じゃがの肉は関西では牛肉が主流、関東は牛肉と豚肉の両方使います。
・煮崩れする程度にほろほろにしたい場合は男爵いもを、煮崩れさせずしっかり形を残したい場合はメークインを使うとよいでしょう。

1 野菜を切る

じゃがいもは皮をむき、芽があれば取る（→p.181）。1個を4～6つに切り、水にさらして水気をきる。玉ねぎは2㎝幅のくし形に切る。にんじんは皮をむき、乱切りにする。しょうがは皮をこそげ、薄切りにする。

 ナゼ
・じゃがいもの芽や緑色の皮には毒性の物質が含まれています。
・切ったじゃがいもは水につけておくと切り口の変色を防げます。

2 下ゆでする

いんげんは筋があれば取り（→p.181）、熱湯で2～3分ゆでる。つめを立てて少し跡がつくらいで取り出し、3～4㎝長さに切る。しらたきは7～8㎝にざく切りし、熱湯で1分ほどゆでて水気をきる。

? ナゼ
しらたきは原料のいもや凝固剤にえぐみや臭みがあるため、下ゆでで落とします。アク抜き済みの商品ならそのままでOK。

3 肉を切る

牛肉は大きいものは5～6㎝長さに切る。

4 炒める

鍋にごま油を温め、しょうが、肉を入れて中火で炒める。肉の色が変わったら、じゃがいも、玉ねぎ、にんじん、しらたきを加え、全体に油が回るまで炒める。

★ Point
油で炒めてから煮ると、コクのある肉じゃがになります。あっさり味がお好みなら炒めなくても。

5 だしを加えアクを取る

Aを加え、沸騰したらアクを取る。

★ Point
だしは具材がひたひたになる程度必要。鍋の大きさで増減しても。

6 煮る

落し蓋をし、少し開けて蓋をして、弱めの中火で15～20分煮る。【味見】し、いんげんを加えて器に盛りつける。

★ Point
・落し蓋をすると、煮汁が上まで回りやすくなります。じゃがいもが煮崩れないよう、ときどき上下を返すように優しく混ぜて全体に煮汁を回しましょう。
・蒸気穴のある蓋は、ぴったり蓋をしてOK。

肉野菜炒め

肉はさっと煮＆片栗粉でやわらか！
シンプルな調味料でも旨みたっぷり

🕐 **20** min　🔥 **300** kcal

材料（2人分）　フライパン ≫≫ 26cm

豚バラ肉…100g
A 塩、こしょう…各少々
　片栗粉…小さじ1
にんじん…30g
玉ねぎ…1/4個
ピーマン…1個
キャベツ…2枚

もやし…1/2袋
にんにく…1/2片
B 塩…小さじ1/3
　こしょう…少々
　しょうゆ…小さじ1
サラダ油…大さじ1

⭐ **Point** 火が通りすぎるのを避けるため、調味料は炒めはじめる前に用意しておきましょう。器も出しておき、すぐに盛りつけられるように。

COLUMN

ひと皿でも栄養バランスGOOD！

肉野菜炒めは、肉のたんぱく源があり野菜もたっぷり。汁物をつければおかずはこれだけでもOKです。かんたんだからこそ、肉の下ごしらえでおいしく仕上げて。

おすすめ組み合わせ

副菜をつけるなら…

　and　

p.134　　　　　p.139
冷やっこ　　　たたききゅうり

1 野菜を切る

にんじんは皮をむいて半月切り、玉ねぎは1cm厚さに切る。ピーマンはヘタと種を取り、長さを半分にし、2cm幅に切る。キャベツは芯を取り4cm角、もやしはできればひげ根を取る（→p.181）。

⭐ **Point** もやしのひげ根を取ると臭みが減っておいしくなり、見た目もきれいです。

2 にんにくをつぶす

にんにくは包丁の腹などで**つぶす**。

❗ **ラク** みじん切りにしなくてもOK！ つぶすだけでも十分、にんにくの風味が出ます。

3 肉をゆで片栗粉をまぶす

豚肉は5cm長さに切る。フライパンに1カップの熱湯を沸かし、**中火で**ゆでる。ペーパータオルの上に取って水気を取り、**A**をまぶす。

❓ **ナゼ** 肉は炒めるとかたくなりがちですが、ゆでて片栗粉をつければやわらかくできます。肉の周りの片栗粉が野菜の汁と旨みを吸い、野菜はベチャつきません。炒めるときと同じフライパンでラクに済ませます。

4 炒める

3のフライパンをさっと拭いて油を温め、にんにく、にんじん、玉ねぎ、ピーマンを1〜2分、**中火**で炒める。全体に油が回ったら**強火**にし、キャベツ、もやし、**3**の肉を加える。

⭐ **Point**
・シャキッとした炒め物には強い火力が必要。家庭で2人分より多くつくるときは、数回に分けて炒めましょう。
・かたい野菜から炒めると、火の通りにムラができません。

5 さらに炒め混ぜる

フライパンについた面を裏返すように混ぜながら、さらに炒める。

⭐ **Point** 常に混ぜていると野菜に火が通りません。野菜の蒸気を抜く気持ちでOK。菜箸とフライ返しをダブルで使うと混ぜやすいです。

6 調味する

Bを加えて混ぜ【味見】し、盛りつける。

⭐ **Point** 味つけは最後に。炒めはじめに調味すると、野菜から水分が出てベチャッとした仕上がりになります。

極旨しょうゆ唐揚げ

おいしいコツ 衣をつけたらすぐ揚げるのがポイント！
カリッとジューシーな揚げ上がりに

🕐 **30** min　🔥 **545** kcal

材料（2人分）　フライパン ⨠ **22** ㎝

鶏もも肉… 1 枚（250〜300ｇ）
A しょうが汁*… 小さじ 1
　砂糖… 小さじ1/2
　しょうゆ… 大さじ 1
　酒… 大さじ 1
　塩… 少々
片栗粉または小麦粉
　… 大さじ 2 〜 3

ピーマン… 2 個
じゃがいも… 1 個
レモン（くし形切り）…1/8個分
揚げ油… 適量

＊しょうが汁はしょうが 1 かけをすりお
　ろしてしぼったもの

Point　・鶏肉の代わりに豚肉でもおいしい唐揚げになります。

ラク　・野菜の素揚げでかんたんに、副菜をプラス！　栄養のバランスがよくなります。ピーマンはししとうでも。
　・揚げ物はフライパンを使うと表面積が広いので作業しやすく、少ない油でもたくさん揚げられます。フッ素加工されたフライパンなら洗うのもラク。

おすすめ組み合わせ

 or

p.148　　　　p.149
春雨サラダ　豆もやしのナムル

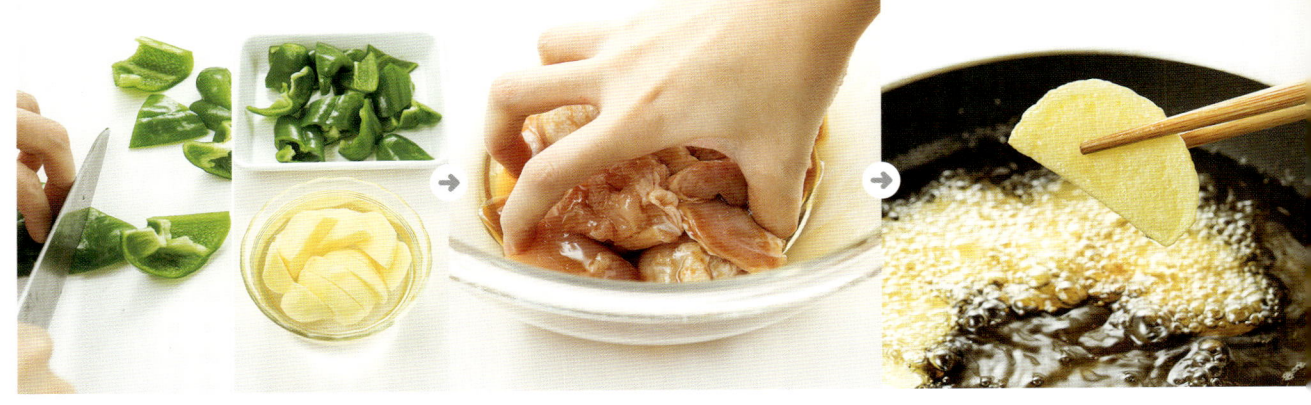

1 野菜を切る

ピーマンは半分に切って種とヘタを取り、乱切りにする。じゃがいもは皮をむいて芽を取り（→p.181）、1㎝厚さの半月切りにする。5〜10分水にさらして、水気を拭く。

 ナゼ じゃがいもは切ったままだと表面が茶色になり、見た目が悪くなります。

2 肉を下ごしらえする

鶏肉は余分な脂肪を取り（→p.182）、ひと口大に切る。**A**をもみ込み、10分おく。

 Point 調味料をしっかりともみ込むと、味がつきジューシーに仕上がります。

3 野菜を揚げる

揚げ油を160℃に温める（→p.27）。ピーマンは30秒ほど、じゃがいもは上に浮いてくるまで2〜3分揚げる。ペーパータオルを敷いたバットに置き、油をきる。

 ナゼ 食材は揚げると水分が蒸発し、代わりに油が入ります。水より油のほうが軽いので、水と油の交換が進むと上に浮きます。

1/3以上開ける

4 肉に衣をつける

2の鶏肉の汁気をペーパータオルで軽く拭き、粉をつける。

 Point
・汁気が残っていると衣がつきすぎてしまいます。軽く拭いてから衣をつけましょう。
・粉は身の間まで丁寧につけると、衣がカリッとおいしく揚がります。

5 揚げる

揚げ油を170〜180℃にし、4の鶏肉を4〜5分揚げる。

 Point
・揚げ油は準備しておき、衣をつけたらすぐ揚げましょう。時間を空けると衣が水分を吸い、衣がまだらになってしまいます。
・一度に揚げられる量は、油の表面の1/2〜2/3が目安。一度にたくさん入れると油の温度が下がって、ベタついた揚げ物になります。

6 カリッと仕上げる

最後に少し火を強め、30秒ほどカリッとするまで揚げる。3、レモンとともに器に盛る。

 Point
・何回かに分けて揚げるときは、入れる前に温度を再度確認し、揚げカスを取ってから入れましょう。カスが残ると衣について見栄えが悪くなります。
・温め直すときは、オーブントースターを使えばカリッと温まります。

焼き魚

おいしいコツ 塩のダブル使いで臭みを取り
ヒレまできれいに

🕐 **30** min 🔥 **74** kcal

材料（2人分）　フライパン ≫≫ 26 cm

あじ…2尾
塩…小さじ1
塩（化粧塩用）…小さじ1
大根…50g
しょうゆ…少々
レモン…1/8個

COLUMN

グリルは高温調理で魚以外にも

グリルは1分ほどで250℃にもなるので
一気に食材に火が入り、きれいに焼き上
がります。焼き魚はもちろん、トースト
や肉、ピザなども焼くことができます。

おすすめ組み合わせ

 and

p.48　　　p.132
白和え　　茶碗蒸し

1 エラや内臓を取る

あじはウロコ、ゼイゴを取る（→p.183）。エラはハサミで上下を切って取り（写真左）、内臓は包丁で腹部に切り込みを入れ、刃先にかけて出す。全体と腹の中を洗う。

> ★ Point 内臓の骨の近くに血の塊のような部分があります。そこを菜箸の先などできれいに洗うと、臭みが少なくなります。

2 塩をふる

水気をペーパータオルで拭き取り、塩を両面にふり、手で押さえてなじませ15〜20分おく。

> ？ ナゼ 塩をふると塩味がつくだけでなく、水分と一緒に臭みが出ます。たんぱく質をかためて身が崩れにくくなる効果も。出た水分が魚につかないよう、ザルにのせるか、バットにペーパータオルを敷きましょう。

3 化粧塩をつける

さっと洗い、ペーパータオルで拭く。化粧塩用の塩を指先につけ、尾、胸、背ビレにすり込む。残った塩を軽く全体にふる。

> ？ ナゼ ヒレに塩をすり込むと焼け落ちにくくなります（化粧塩）。乾いた手でしっかりすり込みましょう。

4 焼く（グリルの場合）

グリルを予熱し（水を入れるタイプは水50mlを入れる）、魚の表（頭が左、胸が手前）が上になるように置いて強火で5〜6分焼く。きれいな焦げ目がついたら裏返し、さらに4〜5分焼く（両面グリルは裏返さず、9分ほど焼く）。

> ★ Point 魚は頭を左、胸を手前に盛りつけます。先に焼いた面がきれいに焼けるので、表を上にして焼きます。

4 焼く（フライパンの場合）

フライパンにサラダ油大さじ1/2（分量外）を温め、魚の表を下にして入れる。中火で4〜5分、きれいな焦げ目がついたら裏返す。少し開けて蓋をして4〜5分焼く（背中は、フライパン側面のカーブに沿わせると焼きやすい）。

> ？ ナゼ 蓋をピッタリすると水分がこもり、カリッと焼けません。少し開けて蒸気がほどよく抜けるようにします。

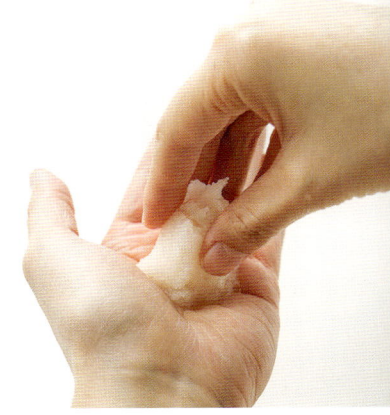

5 大根をおろし、盛る

4 の頭を左にして器に盛りつける。大根は皮をむき、おろし金でおろす。ザルに上げ、自然に水気をきる。こんもりと山形に形づくって盛りつけ、しょうゆを2、3滴落とす。レモンを1cm厚さの半月切りにして添える。

ゆで青菜七変化

おいしいコツ たれを変えれば、味わいいろいろ！
冷水に取って色鮮やかに

🕐 **10** min　🔥 **36** kcal（ほうれんそうのみ）

ラク
・残った青菜は、ペーパータオルを敷いた保存容器に入れてつくりおきにしましょう。たれをかけるだけでさっと1品完成します。
・アクの少ない青菜（＝エグみの少ない青菜）から順に、同じ湯でゆでられます。
例：キャベツ→ブロッコリー→小松菜→ほうれんそう

Point
・しなびてきた古い青菜は30分ほど水につけ、水分を含ませてからゆでるとシャキッとした歯ごたえに。

材料（3〜4人分）

鍋 ≫≫ **18〜20** cm

ほうれんそう… 1 束
お好みのたれ… 適量

青菜をゆでてたれをかけるだけ！

だししょうゆ
🔥 **13** kcal
こくうま　さっぱり
①

ごまごまのり
🔥 **105** kcal
こくうま　さっぱり
⑦

練りごま酢
🔥 **82** kcal
こくうま　さっぱり
②

ラーしょうゆ
🔥 **81** kcal
こくうま　さっぱり
⑥

ごまみそ
🔥 **92** kcal
こくうま　さっぱり
③

梅マヨ
🔥 **124** kcal
こくうま　さっぱり
⑤

あっさりポン酢
④
🔥 **15** kcal
こくうま　さっぱり

① しょうゆ…大さじ1
だし…大さじ1/2

② 砂糖…小さじ1
練りごま…小さじ2（10g）
しょうゆ、酢…各大さじ1/2

③ みそ…大さじ1（18g）
砂糖、みりん…各大さじ1/2
黒すりごま…小さじ1/2

④ しょうゆ…大さじ1
レモン汁、だし…各大さじ1/2

⑤ マヨネーズ
　　大さじ1と1/2（18g）
梅肉（ペースト状）…小さじ1
砂糖…少々
だし（または酒）…小さじ1

⑥ しょうゆ…大さじ1
酢、ごま油…各大さじ1/2
ラー油…少々

⑦ のり（ちぎる）…1/4枚分
白すりごま…大さじ1
ごま油…大さじ1/2
塩…小さじ1/2
こしょう…少々

1 洗う

ほうれんそうは根元まで洗って砂を落とし、根は切る。

 Point 株の太いものは切った根の部分に十文字の切り込みを入れます。

2 軸から湯に入れる

強火で鍋にたっぷりの湯を沸かす。ボウルにたっぷりの水を用意する。ほうれんそう**ひとつかみ（1/2～1/3束）**を軸まで熱湯につける。

 Point たっぷりの湯で少量ずつゆでると、きれいな緑色になります。同じ湯でよいので、少量ずつゆでましょう。

3 葉まで入れる

軸の色が変わり、少しやわらかくなったら葉も入れる。葉の色が変わったら裏返し、**10秒ほどゆでる。**

 Point 「塩を入れた湯でゆでると色鮮やかになる」と耳にしますが、2％の塩分が必要で、塩味が濃くつきすぎます。塩を入れなくてもポイントを押さえればきれいな色にゆでられます。

4 冷水に取る

2で用意した冷水に取り、流水を加えて手早く冷ます。

 ナゼ ゆで上がってすぐに冷やすと、きれいな色が保てます。最初の水はすぐに温まるので、流水で冷やし続けて。

5 水気をしぼる

冷えたら**取り出し**、根から葉の順に握って水分をしごく。残りも同様にゆでる。

 ラク 水の中で軸をそろえ、ゆらゆらさばいてから引き上げると葉が絡まらず、素早くそろいます。

6 盛りつける

根元を切り落とし、適量を4㎝長さに切り、盛りつけ、たれをかける。

 Point
・半分に分け、軸と葉を互い違いに束ねて切ると彩りがきれいです。
・切り口から水分が出るので、もう一度水分をしぼります。
・まな板の上で山高に形を整えてから器に移すと上手に盛れます。

蒸し野菜

A 🔥**117** kcal（全量）

B 🔥**169** kcal（全量）

C 🔥**75** kcal（全量）

おいしい**コツ**

鍋とザルで
簡単蒸し器！
硬い野菜から蒸せば
火の通りが均一に

🕐**20** min 🔥**114** kcal（野菜のみ） こくうま さっぱり

材料（2人分）

鍋 >>> 18~20 cm

にんじん…1/2本
じゃがいも…1個
かぼちゃ…100g
ブロッコリー…50g

A ごまみそ
すりごま…大さじ1
砂糖…大さじ1/2
みそ
…大さじ1と1/2（27g）

B からしマヨ
マヨネーズ
…大さじ2（25g）
練がらし…3cm
しょうゆ…小さじ1/2

C クリーム明太
クリームチーズ…15g
明太子…10g
塩、こしょう…各少々
牛乳…大さじ1

⭐**Point** ゆでるより水溶性ビタミン
の流出が少なく、油も使わ
ないのでヘルシーです。

1 野菜を切る

にんじんは皮をむいて1cm厚さの輪
切りにする。じゃがいもは皮をむい
て芽を取り（→p.181）4等分に
切って、水にさらす。かぼちゃは2
×3cm角に切る。ブロッコリーは小
房に分ける。

⭐**Point** 茎に切り込みを入れ、手で割るよう
にして分けると、つぼみの部分がバ
ラバラになりません。

2 ザルを鍋にセットする

直径20cmほどの鍋に、同じ径のザ
ルを組み合わせる。

❗**ラク** 大きな蒸し器がな
くても蒸し物がで
きます。ステンレ
ス製のザルを鍋の
縁に引っかけて。
合うザルがなければ、小皿を底に伏
せて上に小さめのザルをのせても。

3 蒸す

ザルの底につかない程度に湯を加え
る。ザルにブロッコリー以外をのせ、
蓋をする（穴がない蓋は少し開け
る）。8分ほど蒸し、ブロッコリー
を加えてさらに4〜5分蒸す。器に
盛り、たれを添える。

⭐**Point** かたい野菜から蒸しはじめ、火の入
りやすい野菜は最後に加えます。電
子レンジのように加熱ムラもなくし
っとりやわらかな仕上がりに。

野菜の浅漬け

おいしいコツ 切ってもむだけ 「浅漬けの素」 いらず！
塩をきちんと量るのがコツ

⏱ **30** min 🔥 **36** kcal （全量） こくうま **さっぱり**

材料（2人分）

白菜…200g
にんじん…20g
しょうが… 1 かけ
昆布…3cm
赤唐辛子…1/2本
塩…小さじ1/2

Point
・大根、きゅうりなど生で食べられる野菜はほとんど代用できます。野菜のかたさによって切り方を薄くしたり、小さくすると食べやすいです。
・しょうがはゆず、みょうが、しそなど、ほかの香り食材に代えても。
・野菜100gに対し塩小さじ1/4を加えると浅漬けになります（塩分濃度1.3〜1.5％）。つくりおきにもちょうどよい塩加減です。急ぐときは濃いめの味（＝2％が目安）だと水分が早く出ます。

1 野菜を切る

白菜は軸と葉を切り分ける。軸は1cm幅に、葉はざく切りにする。にんじんは皮をむいて細切りにする。しょうがは皮をこそげ、せん切りにする。赤唐辛子は種を取る。

2 もむ

厚手のポリ袋にすべての材料を入れ、ふってよく混ぜ、しんなりするまでもむ。

Point 空気で袋をパンパンにふくらませてふると混ざりやすいです。

3 漬け込む

空気を抜いて口を結び、15分以上冷蔵または常温でおく。

Point 空気を抜いて漬け込むので、しっかり味が染みます。

白和え

おいしいコツ 具や豆腐の水気を取れば
しっかり味のこくうま白和えに！

🕐 **30** min　🔥 **90** kcal　こくうま　さっぱり

材料（2〜3人分）　鍋 >>> **14** cm

にんじん…30g
こんにゃく…1/4枚
しいたけ…2個
さやいんげん…4本（20g）
A だし…1/4カップ
　砂糖、しょうゆ
　　…各大さじ1/2

木綿豆腐…1/2丁（150g）
B 練りごま…大さじ1（15g）
　砂糖…小さじ2
　塩…少々

Point
・具はゆでた青菜などでもOK。干ししいたけを使うとコクが出ます。
・豆腐はよく水切りすれば絹ごしでもOK。水っぽくなりやすいので、当日中に食べて。
・練りごまがないときは、すりごま大さじ1と1/2を入れましょう。

1 具を切る

にんじん、こんにゃくは1cm幅、3cm長さの短冊切りにし、こんにゃくは熱湯で2〜3分ゆでる。しいたけは軸を取り、薄切りにする。いんげんは筋があれば取り、3cm長さの斜め薄切りにする。ラップをし、電子レンジで40秒〜1分加熱する。

❗ラク アク抜き不要のこんにゃくを買えば、ゆでなくても大丈夫です。

2 煮る

鍋にＡと1のいんげん以外を入れ、汁気がなくなるまで煮てザルに上げる。

⭐Point 白和えは水気が多いと味がぼやけてしまうので、汁気がなくなるまでしっかり煮ます。

3 豆腐を水きりする

豆腐は軽くほぐし、熱湯で2〜3分ゆでてザルに取る。

⭐Point 豆腐は水分が多いので、ゆでて水きりします。火が入るので衛生的にもGOOD！ ペーパータオルで包んで重しをのせる、電子レンジで加熱する方法もあります（→p.185）。

4 豆腐をなめらかにする

3の水気をよくきり、ボウルに入れる。ゴムベラ→泡だて器の順に使ってなめらかになるまでつぶす。

⭐Point 最初はゴムベラでつぶし、細かくなったら泡だて器で混ぜてなめらかにします。すり鉢とすりこぎがあれば、早くきれいにつぶせます。

5 調味料を加える

Ｂを加え、さらに混ぜる。

❗ラク 瓶入りの練りごまが混ざりにくいときは、蓋を取って電子レンジで30秒ほど温めると混ざりやすいです。

6 和える

2、いんげんの順に加えて和える。

⭐Point 白和えは和えてから10分程度おくと、味がなじんでおいしくなります。

豚汁

おいしいコツ ごま油で炒めて香ばしく
コクのある味わいに

🕐 **30** min　🔥 **143** kcal

材料（2〜3人分）　鍋 >>> **14** cm（こんにゃく）　/　**18~20** cm（豚汁）

豚肉（こま肉、バラなど）
　…100g
塩、酒…各少々
大根…3cm
にんじん…1/4本
里いも…2個
長ねぎ…10cm

ごぼう…20cm
こんにゃく…1/4枚
だし…3カップ
みそ…大さじ3弱（50g）
七味唐辛子…適宜
ごま油…大さじ1

Point みその代わりにしょうゆ大さじ1と、塩小さじ1/2〜3/4で調味すると同じ具でしょうゆ味の汁物に。

COLUMN

具だくさんの副菜として

豚汁はいろいろな野菜を使っているので、副菜のひとつと考えます。豚汁にごはん、納豆、緑黄色野菜のほうれんそうのおひたしなどをプラスすれば立派な献立に。

1 野菜を切る

大根、にんじんは皮をむいて5mm厚さのいちょう切り、里いもは皮をむいて1cm厚さの半月切りか輪切り、ねぎは5mm厚さの小口切りにする。ごぼうは皮をこそげ、3cm長さの斜め切りにし、さっと水につけてザルに上げる。

? ナゼ　ごぼうは空気にふれると変色するため、水につけて予防します。

2 こんにゃくを切り、ゆでる

こんにゃくは5mm厚さの2cm角に切り、（アク抜き済み商品でなければ）熱湯で**2〜3分**ゆでてアク抜きする（→p.185）。

3 肉を下ごしらえする

豚肉は大きいものは2〜3cm幅に切り、塩、酒で下味をつける。

? ナゼ　加熱前に塩、酒をふると臭みが和らぎ、味がよく染みます。

4 炒める

鍋にごま油を温め、**1**、**2**、**3**を**強火**で炒める。

★ Point　具を油で炒めると、コクが出て煮崩れしにくくなります。

5 煮る

全体に油が回ったら、だしを入れて**強火**にかける。沸騰したら**アク**を取り、少し開けて蓋をし、**弱火で15分**ほど煮る。

★ Point　アクとは、食材に含まれるエグみ、苦みのこと。ゆで汁の表面に浮かんできたものをすくって取ると、味や見栄えがよくなります。

6 みそを溶く

ボウルにみそと**5**の汁を少量入れて溶かし、鍋に戻し入れる。【味見】をし、沸騰直前で火を止める。器に盛り、あれば七味をふる。

? ナゼ　みそは沸騰させると香りが飛ぶため、沸騰直前で火を止めます。

今さら聞けない料理の常識

レシピ本には書かれていない、「これってどうなの？」
という素朴なギモン。先生に教えてもらいましょう。

Q1
買ってきた肉や魚は洗いますか？

A 基本的には洗いません。

肉や切り身の魚は、洗うと旨みを逃すため基本的には洗いません。身についている水分（ドリップ）は臭みのもとになるので、ペーパータオルで拭きましょう。血の塊などの汚れがあるときや、魚のウロコが残っているときなどはさっと洗ってよく水気を拭きましょう（→p.183）。

Q2
レシピにある「分量外」って何ですか？

A 「材料」にはない食材や調味料です。

レシピの文中で見かける「分量外」という表記。これは、「材料」の中では分量が表記されていない食材や調味料のことです。たとえば、材料に「塩…小さじ1」と書いてあり、レシピ中で「塩小さじ1（分量外）」と書いてあれば、合計で塩小さじ2を使うことになります。

Q3
「もみ込む」のは、手を使うんですか？

A トングや菜箸より、手がベストです。

調味料を食材にもみ込んだり、なじませたりするのは手を使いましょう。しっかりもみ込め、体温も手伝って調味料がよく浸透します。重なった肉を広げたり、フライパンにのせるのも、ヤケドなどに気をつければ手のほうが作業しやすいはず。調理用の使い捨て手袋もあります。

Q4
ホーロー鍋や土鍋、何が違うんですか？

A 火の入り方が違います。

人気のホーロー鍋は、色展開も豊富で憧れますね。土鍋も鍋料理の定番アイテムです。ホーロー鍋や土鍋はステンレス鍋と比べて食材にゆっくり火が入るので、煮込み料理や炊飯に向いています。ステンレス鍋で料理に慣れたら、下記の表を参考にほかの鍋も検討してみては。

鍋の種類

	初心者におすすめ！	特徴	熱伝導	軽さ	耐久性	保温性	お手入れ
ステンレス		丈夫で手入れがしやすく、家庭でよく使われる	△ よくない	△ やや重い	◎ 強い	○ ほどよい	○ しやすい
アルミ		日本で昔から使われている雪平鍋、文化鍋などがある	◎ よい	◎ 軽い	○ 強火に弱い	△ よくない	△ 黒ずむ
フッ素樹脂加工（テフロン加工）		「炒めてから煮る」レシピの際に焦げつきにくく便利	○ ほどよい	○ ほどよい	△ 加工が高熱に弱い	○ ほどよい	◎ しやすい
ホーロー		金属の表面にガラス質を焼きつけたもの。酸に強い	○ ほどよい	× 重い	◎ 強い	◎ よい	◎ しやすい
土鍋		陶器の鍋。鍋料理や、炊飯に。ゆっくり熱が入り余熱がある	△ 悪い	× 重い	○ ひび割れに注意	◎ よい	△ 使用後、乾燥させる

フライパンの種類

	初心者におすすめ！	特徴	熱伝導	軽さ	耐久性	保温性	お手入れ
フッ素樹脂加工（テフロン加工）		焦げつきにくく、家庭でよく使われている	○ ほどよい	○ ほどよい	△ 加工が熱に弱い	○ ほどよい	◎ しやすい
セラミック加工		フッ素樹脂に続く新しい加工。焼き油が必要	◎ よい	○ ほどよい	○ 加工が熱に強い	○ ほどよい	◎ しやすい
鉄		中国料理などの炒め鍋によく使用される。高温に強い	○ ほどよい	× 重い	◎ 丈夫	○ ほどよい	△ さびやすい

ごはんがパクパク進む!

主菜メイン

食卓の顔になる、メインの料理を紹介します。
失敗するとショックが大きい料理だからこそ、CHAPTER 1で
覚えた計量・火加減・味見などのコツを忘れずに。
「おすすめ組み合わせ」として、そのメインに合わせると
栄養や味のバランスがよい副菜を掲載しているので、
献立づくりの参考にしてください。

豚肉のしょうが焼き

塩、酒で臭みを取り
片栗粉でジューシーに

🕐 **20** min 💧 **352** kcal

材料（2人分）　フライパン ≫≫ 26㎝

豚肩ロース肉（しょうが焼き用）
　…200〜250g
しょうが…15g（2×3㎝角ほど）
A 塩…小さじ1/2
　片栗粉…大さじ1/2
　酒…大さじ1/2

B（混ぜておく）
　砂糖…小さじ1/2
　しょうゆ…小さじ2
　酒…大さじ1
サラダ油…大さじ1/2
つけ合わせ
　キャベツ…2枚
　トマト…1/4個
　きゅうり…1/6本

 ナゼ
・下味をつけると肉の臭みが和らぎ、味がしっかりつきます。
・片栗粉を入れると肉がかたくならず、やわらかジューシーに。

 Point
・しょうゆは下味に使うと焦げやすくなるので、最後に絡めます。

おすすめ組み合わせ

和風		洋風
	or	
p.137		p.145
ひじきの煮物		マカロニサラダ

筋のあるゾーン

1 つけ合わせをつくる

キャベツは芯を取り、せん切りにする。冷水に **1〜2分**つけ、水気をしっかりきる。トマトはくし形、きゅうりは斜め薄切りにする。器に盛りつける。

? ナゼ 冷水につけると水を吸ってシャキシャキの歯ごたえになります。

2 しょうがをすりおろす

しょうがはすりおろして汁を小さじ1取り、残りのおろししょうがは **B** の調味料と合わせる。

A（下味用） しょうが汁

B（調味料） おろししょうが

3 肉を下ごしらえする

豚肉は筋を切り、**A** と **2** のしょうが汁をふりかけ、**なじませる**。

? ナゼ 肉の筋を切らないと肉が焼き縮んでしまいます。面倒でも切りましょう。

★ Point 液がいきわたるよう、1枚1枚めくってなじませましょう。

4 焼く

フライパンに油を温め、**3** の半量の**肉を広げて表を下にして並べ、強めの中火**で両面こんがりと焼く。取り出し、残りの肉も同様に焼く。

★ Point
・広げながら並べないと、重なったままかたまり、見た目・火通り・食感が悪くなります。
・左ページのできあがり写真を参考に、表になる面を先に焼き、きれいな焼き目をつけます。

5 調味する

先に焼いた肉を戻し入れ、油が多いときはペーパータオルで軽く拭く。おろししょうがの入った **B** を加える。

★ Point 肉の上にかけると焦げつく心配がありません。

6 絡める

強火にし、フライパンをゆすりながら裏返し、汁気がほとんどなくなるまで絡める。**1** の器に盛りつける。

カリじゅわ ガーリックチキンソテー

おいしいコツ 皮を下にして押さえながら焼けば
夢のカリじゅわソテーに！

🕐 **20** min　💧 **352** kcal

材料（2人分）　フライパン ⋙ **22** ㎝

鶏もも肉… 1 枚（250〜300ｇ）
A 塩…小さじ1/2
　こしょう…少々
にんにく… 2 片
サニーレタス… 1〜2 枚
塩、こしょう…各少々
オリーブ油…大さじ1/2

COLUMN

鶏肉はコラーゲンたっぷり

良質なたんぱく質が鶏肉の魅力。低カロリー、高たんぱく質で鶏皮を除けばダイエットにも効果的です。また美肌に効くコラーゲンも多く含まれています。

おすすめ組み合わせ

 or

p.146　　　　p.147
ポテトサラダ　にんじんサラダ

Point 冷蔵庫から出したての肉は冷たく、そのまま焼くと生焼けの原因に。
焼く10〜20分前に冷蔵庫から出しておきましょう。

1 肉を下ごしらえする

鶏肉は**余分な脂を取り**（→p.182）、**身の厚い部分に浅い切り込みを入れる。**

❓ナゼ
・余分な脂を取ると、脂臭さが少なくヘルシーに。かたまっていて取りやすい部分のみ取れば0K。無理に全部取ろうとすると、皮と身が離れてしまいます。
・厚みを均等にして焼きムラ防止に。

2 皮に穴を開ける

皮に竹串で穴を開ける。Aをすり込む（1人分ずつ盛りつけるときは半分に切る）。

❓ナゼ
小さな穴を開けておくと、焼き縮みを抑えられ、火通りもよくなります。

⭐Point
肉に塩をしてから時間をおくと味は染みますが、水分が出てパサつきやすくなります。塩をしたら時間をあまり空けずに焼きましょう。

3 にんにくを切る

にんにくは薄切りにし、中の芯は竹串などで取る。

⭐Point
にんにくの芯は焦げやすいので、余裕があれば除いておきましょう。

4 にんにくを炒める

フライパンにオリーブ油、にんにくを入れて中火にかける。にんにくがこんがりしたら取り出す。

❓ナゼ
にんにくは焦げやすいため、入れっぱなしにせず一度取り出します。

5 肉を焼く

鶏肉の皮を下にして入れる。フライ返しなどで押して皮がきれいなきつね色になり、カリッとするまで**中火で6〜7分焼く。**

6 裏返す

裏返し、弱火にして5〜6分焼く。竹串を刺し、透き通った汁が出たら火を止め、そのまま**2〜3分**おく。サニーレタスをひと口大にちぎって器に盛りつけ、塩、こしょうする。肉、にんにくを盛りつける。

透明な汁

⭐Point
皮に焼けていない部分があれば、スプーンで油をかけながら焼きましょう。蓋をすると蒸気がこもってカリッとしないので、開けたままで。

サーモンムニエルの
パセリバターソース

おいしいコツ 牛乳で臭みを取り、
バターは最後に加えて香り豊かに

🕐 **20** min　💧 **326** kcal

材料（2人分）　フライパン ≫≫ 26㎝（入れば22㎝）

生鮭… 2 切れ（200〜250g）
塩…小さじ1/3
牛乳…大さじ2
塩、こしょう…各少々
小麦粉…小さじ2
サラダ油…大さじ1/2

パセリバターソース
　パセリ（葉）… 1 枝分
　バター…15g
　塩、こしょう…各少々
レモン…1/8個
つけ合わせ
　じゃがいも… 1 個
　にんじん…6㎝

⭐ **Point** 鮭の代わりにさばやあじ、いわしでも同様につくれます。鯛などの
白身魚は、牛乳で臭み抜きをしなくても大丈夫です。

おすすめ組み合わせ

or
and

p.145
コールスロー
サラダ

p.177
クリーム
コーンスープ

1 鮭を牛乳につける

鮭に塩小さじ1/3をふって**5分**ほどおき、牛乳をかけて**10分**ほどおく。

- 塩をすると水分と一緒に臭みが取れます。
- 臭みのある鮭、さば、秋刀魚などの魚をバター焼きにするときは、牛乳につけておくと臭みが牛乳に移り、おいしくなります。

2 つけ合わせをつくる

じゃがいもはラップで包み、電子レンジで**2〜3分**加熱する。竹串がスッと通ったら熱いうちに皮をむき、4〜6つに切る。にんじんは皮をむいて1cm厚さの輪切り、耐熱皿に並べてラップをし、同様に**1〜2分**加熱する。器に盛りつける。

⭐ Point 電子レンジは中央に火が通りにくいので、放射状に並べます。

3 鮭に粉をまぶす

ペーパータオルで鮭の水分を拭き取り、塩、こしょうして小麦粉をまぶす。余分な粉ははたいて落とす。

⭐ Point 牛乳が焦げやすいので、しっかり拭き取りましょう。

 蒸気

4 焼く

フライパンに油を温め、鮭の表側を下にして入れる。**中火**で**2〜3分**、きれいな焼き目がつくまで焼く。

- たんぱく質の多いバターは焦げやすく、最初から使うと色や風味が悪くなるので、最初は油で。バターは仕上げに使います。
- 先に焼いた面にきれいな焼き目がつくので、左ページのできあがり写真を参考に表側から焼きます。

5 蓋をする→盛りつける

裏返し、少し開けて蓋をする。さらに**2〜3分**焼き、器に盛りつける。

 中に火を通すために蓋をしますが、臭いがこもるので、少し開けておきます。

6 ソースをつくる

フライパンの油をペーパータオルで拭き取り、バターを入れて**中火**にかける。ほとんど溶けたらみじん切りにしたパセリ、塩、こしょうを加え、**ひと煮立ち**させて鮭にかける。くし形に切ったレモンを添える。

 Point バターをひと煮立ちさせると、香ばしさがより加わります。フライパンを傾けソースを寄せて、火にかけましょう。

ぶりの照り焼き

おいしいコツ 塩で下ごしらえすれば
焦げずにきれいな照り焼きに

⏱ **20** min ／ 🔥 **308** kcal

材料（2人分）　フライパン >>> **22** cm

ぶり… 2切れ（200g）
塩…小さじ1/4
A（混ぜておく）
　砂糖、酒…各大さじ1
　しょうゆ…小さじ2
サラダ油…小さじ1
つけ合わせ
　ししとうがらし… 4本
　長ねぎ… 1/2本

COLUMN

ぶりの脂はDHAが豊富

ぶりの脂は良質なもの。DHA、EPAが含まれており、生活習慣病予防や記憶力の向上に効果があるとされています。旬を迎える冬のぶりは脂がたっぷりです。

おすすめ組み合わせ

 and

p.130　　　　p.47
高野豆腐の含め煮　野菜の浅漬け

1 ぶりを下ごしらえする

ぶりに塩をし、**10分**ほどおく。

 Point フライパンで焼くときは、しょうゆで下味をつけると火が通る前に焦げてしまうので、塩で下味をつけ、臭みを取ります。

2 野菜を切る

ししとうはヘタを切りそろえ、包丁の先で切り込みを入れる。ねぎは4cm長さに切る。

? **ナゼ** ししとうは加熱によって中の空気が膨張して破裂しないよう、切り込みを入れておきます。

3 つけ合わせをつくる

フライパンに油を**中火**で熱し、**ねぎ、ししとうを炒めて取り出す。**

! **ラク** 同じフライパンでぶりも焼くので、洗い物も増やさず手軽に野菜をプラスできます。

4 水分を拭く

ぶりの水分をペーパータオルで拭き取り、**中火**で温めたフライパンに表側を下にして入れる。

 Point 先に焼いた面にきれいな焼き目がつくため、表に盛りつける面から焼きましょう。

5 焼く→裏返す

きれいな焼き色がついたら裏返す。火を少し弱め、**弱めの中火**で2〜3分焼く。

6 たれを絡める

Aを加え、**中火**で鍋をゆすり、スプーンで煮汁をかけながら焦げつかないように両面に絡める。器に盛りつけ、ししとう、ねぎを添える。

 Point
・ぶりの脂は身体によいので、臭みが気にならなければ拭かずに、たれとして一緒に摂りましょう。
・鍋に残ったたれは強火で煮詰め、ぶりにかけるとツヤが出ます。

とんかつ

おいしいコツ しっかり肉をたたけば
歯でかみ切れるやわらかさに

🕐 **30** min 💧 **594** kcal

材料（2人分）　フライパン ⋙ 26cm

豚ロース肉… 2枚（200〜250g）
塩…小さじ1/3
こしょう…少々
小麦粉…大さじ1
卵水
　卵…1/2個
　水…大さじ1/2
パン粉…1/4カップ

揚げ油…適量
とんかつソース…適量
つけ合わせ
　キャベツ… 2枚
　ミニトマト… 4個

⭐ **Point**
・衣の卵水は、牛乳大さじ1〜2で代用することもできます。パン粉
　がつきにくいので、しっかり押さえましょう。
・残った1/2の卵は、砂糖、塩各少々を加え、電子レンジで加熱して
　混ぜ、そぼろにしておくとお弁当などに便利です。
・フライパンは22cmのものなら油が少なく済みます。1枚ずつ揚げ
　て。

おすすめ組み合わせ

　and　

p.137　　　　p.47
ひじきの煮物　野菜の浅漬け

1 つけ合わせ、衣を用意する

キャベツはせん切りにし、冷水に1〜2分つけシャキッとしたら水気をきる。トマトと器に盛る。小麦粉、卵水、パン粉をバットなどに入れて準備する。

?ナゼ 野菜は冷水につけると水分を吸い、シャキッとした歯ごたえになります。

2 肉を下ごしらえする

肉は赤身と脂の境の筋を切る（→p.182）。1cm厚さ程度にたたいて伸ばし、元の形に戻して塩、こしょうする。

?ナゼ
・筋を切っておくと、揚げたときに縮んで不格好になりません。
・たたくと繊維が壊れ、やわらかくなります。肉たたきがなければ、麺棒、水を入れたかためのペットボトル、ラップの芯などでも。

3 小麦粉、卵水をつける

小麦粉をむらなくつけ、余分な粉を落とす。卵水につけ、余分な卵水をきる。

!ラク なるべく手を汚さないため、まず2枚の肉に小麦粉をつけます。その後、片手で肉を1枚持ち、卵水にひたしましょう。

卵の手　パン粉の手

4 パン粉をつける

パン粉をむらなくしっかりつける。

!ラク そのままパン粉の上に肉を寝かせ、もう片方の手でパン粉をまぶすと、手が衣でベタベタになりません。もう1枚も同様にしましょう。

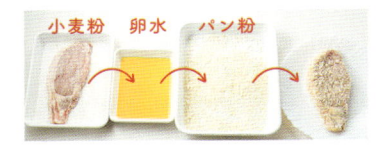

小麦粉　卵水　パン粉

5 揚げる→裏返す

フライパンに深さ2cm程度の油を入れる。170℃に温め、肉をすべらせるように入れ2分ほど揚げる。表面がかたまってきつね色になってきたら裏返し、3〜4分揚げる。

!ラク 油少なめなので処理がラク。その分、温度が下がりやすいので、フライパンが小さいときは1枚ずつ揚げて。

★Point 表面がかたまる前に箸で触ると衣がはがれてしまうので注意。

6 仕上げる

肉が浮いて、泡が細かく音が高くなってきたら揚げ上がり（写真）。バットにペーパータオルを敷き、立てかけるように置き油をきる。1〜2分おいてから2cm幅に切り、器に盛りつけ、ソースをかける。

★Point
・立てて置くと油がよくきれます。
・揚げたてに包丁を入れると肉汁が出るので、少し落ち着いてから切りましょう。

ロールキャベツ

おいしいコツ 巻き終わりを下にして
並べればきれいな巻きを保てる

🕐 **50~60** min　💧 **352** kcal

材料（2人分）　鍋 >>> 18~20 cm

キャベツ…4〜5枚	B 水…1と1/2カップ
玉ねぎ…1/4個	固形スープの素…1個
合いびき肉…200g	ローリエ…1枚
A 塩…小さじ1/4	ワイン…大さじ1
こしょう…少々	トマト…1/2個
ナツメグ…少々	塩、こしょう…各少々
パン粉…1/4カップ	
卵…1/2個	

⭐ **Point**
- キャベツは1枚多めにゆでておくと、鍋の中でロールキャベツが動かないように隙間を埋めたり、巻いたキャベツの穴を防いだり、味見にも使えます。
- パン粉は水分、脂肪を吸収して、旨みを逃さず、焼き縮みを防いでふっくらとやわらかく仕上がります。
- トマトを入れずにプレーンにしても。B の水の半分を牛乳に代えたり、カレー粉を加えても。

COLUMN

使い捨て手袋が便利

タネづくりは手が汚れるのが難点。使い捨てできる薄手の調理用手袋があれば、いちいち手を洗う手間がなく便利です。ハンバーグのタネづくりや水仕事にも。

おすすめ組み合わせ

 or

p.146　　　　p.147
ポテトサラダ　にんじんサラダ

1 キャベツをはがす

キャベツは芯に切り込みを入れ、破れないようにはがす。

 Point 芯の周りを軽くたたいたり、芯の切り込みから水を流し入れてはがすと破れにくいです。

2 ゆでる→軸を削ぐ

たっぷりの熱湯で 1 をしんなりするまでゆでる。ザルに上げて冷まし、軸の厚い部分を削ぐ。

Point かたい芯はタネを巻くときに邪魔になるので、削いで薄くします。

3 タネを丸める

玉ねぎはみじん切りにする。ひき肉、**A**、玉ねぎをボウルに入れ、粘りが出るまで混ぜる。4等分し、俵型に丸める。

ナゼ ひき肉同士がくっつき、肉汁が閉じ込められます。

4 キャベツで巻く

キャベツの葉の芯のほうを手前にして置く。葉の中央より手前に 3 を 1 つ横長に置き、手前、左右の葉を折り込み、巻く。全部で 4 つつくる。

Point 煮ているときに葉が開かないように、しっかり巻き込みます。うまく巻けなかったり、葉が破れているときは、爪楊枝などで留めておき、盛りつけるときに抜きましょう。

5 煮る

4 の 4 つをなるべく隙間なく並べられる大きさの鍋に、巻き終わりを下にして並べる。隙間があれば、2 のキャベツの残りを詰める。B を加え、強火にかける。沸騰したらアクを取り、落し蓋をして弱火で20〜30分煮る。隙間に詰めたキャベツを取り、【味見】をする。

Point 巻き終わりを下にすると、タネが重しになって葉が開きにくいです。

6 トマトを加える

トマトを1cm角に切って加え、スープの【味見】をし、塩、こしょうで味を調える。さらに 5 分ほど煮る。

シーフードグラタン

おいしいコツ 牛乳を少しずつ加えれば
ダマにならずクリーミーなソースに

⏱ 40 min　💧 513 kcal

材料（2人分）　鍋 >>> 14cm（マカロニ） / 18〜20cm（ソース）

シーフードミックス（冷凍）
　…150g
きのこ（マッシュルーム、
　しめじなど）…1/2パック
玉ねぎ…1/2個
マカロニ…50g
塩、こしょう…各少々
オリーブ油…大さじ1/2

ホワイトソース
　バター…30g
　小麦粉…大さじ2
　牛乳…1と1/2カップ
ローリエ…1枚
塩…小さじ1/6
こしょう…少々
チーズ（とろけるタイプ）…40g

⭐ **Point** シーフードミックスは手軽に使え、魚介のいろいろな味が楽しめます。ピラフ、八宝菜、パスタ、チャーハンなどにも使えます。シーフードミックスがなければ、えびやたら、鶏肉に代えても。

おすすめ組み合わせ

p.149
大根とカリカリ
じゃこのサラダ

or

p.142
グリーンサラダ

1 シーフードを解凍する

シーフードミックスは3％程度の塩水（水2カップに塩小さじ2強、分量外）につけて解凍する。

 Point シーフードミックスには鮮度を保つため、氷の膜（グレース）がついています。そのまま加熱すると水っぽくなるので、塩水につけて解凍しグレースが取れてから使いましょう。

2 具を準備する

マッシュルームは石突を取り、濡らしたペーパータオルで拭いて薄切りにする。玉ねぎは芯を取って薄切りにする。マカロニは製品の表示通りにゆでて、ザルに上げる。

 Point
・きのこは洗うと旨みが落ちてしまうため、表面の汚れを拭き取るだけでOKです。
・マカロニ同士がくっつかないよう、途中でときどきかき混ぜます。

3 具を炒める

フライパンにオリーブ油を**中火**で温め、玉ねぎを炒める。しんなりしたら、きのこ、シーフードミックスを加えて炒める。火が通ったらマカロニを加えてひと混ぜし、塩、こしょうして火を止める。

さらっと

なめらか

4 ホワイトソースをつくる

鍋にバターを入れて**中火**にかける。ほとんど溶けたら小麦粉を加えて**木べら**で混ぜながら、**弱めの中火**で炒める。泡が細かくなり、さらっとしてきたら（写真左）火を止める。**牛乳を半量程度入れてよく混ぜる。**

 Point
・ふつふつと泡立ちつつ焦げない火加減を保ちながら、混ぜ続けます。
・牛乳を一気に加えるとダマになるので、半量ずつ。

5 仕上げる

なめらかになったら（写真左）**中火**にかけ、残りの牛乳を徐々に加えて混ぜる。ローリエ、塩、こしょうを加え、鍋底から混ぜながら**弱火**で2～3分煮る。

Point 鍋底は焦げやすいのでこそげ取りながら混ぜます。

6 具を加えオーブンで焼く

3を加えて混ぜ、【味見】する。器に入れ、チーズをのせる。200～220℃のオーブンで15分ほど、またはオーブントースターで10分ほど、こんがりするまで焼く。

Point チーズにも塩分があるので、味見して少し薄く感じる程度でOKです。

白身魚の香り蒸し

おいしいコツ 包んで焼くだけのかんたん蒸し料理
塩と酒でしっかり臭みを取って

⏱ 30 min　💧 184 kcal

材料（2人分）

白身魚（切り身）
　… 2切れ（200g）
塩…小さじ1/3
酒…大さじ1
しめじ…1/2パック（50g）
長ねぎ…10cm
しょうが… 1かけ
A 酒…大さじ1
　｜ しょうゆ…小さじ1
柑橘（ゆず、かぼす、
　　レモンなど）…適宜

⭐ **Point**
・魚は鯛、たら、すずき、
　かれいのほか、鮭、さわ
　らなど。
・ごま油やシャンツァイを
　プラスすると中国風にな
　ります。

おすすめ組み合わせ

p.129
いかと里いも
の煮物

and

p.44
ゆで青菜

1 食材を下ごしらえする

魚は皮の幅が広いものは切り目を入れる。塩、酒をし、15～20分おき、水気を拭く。しめじは石突を取って小房に分け、ねぎ、しょうがは3～4cmのせん切りにする。

⭐ **Point**
魚から水分（ドリップ）が出ているときは、ペーパータオルで拭き取りましょう。塩、酒をふると、臭みが抜け、味もつきます。

2 調味料をかける

アルミホイルを30cm広げ、魚を中央に置く。しめじ、ねぎ、しょうがをのせ、**A**をかける。

❗ **ラク**
調理器具がいらず、片づけもかんたんです。アルミホイルの代わりにクッキングシートを使うと見栄えもよく、お客様にお出ししても。

3 包んで焼く

アルミホイルの手前と向こうを持って合わせ、口を合わせて2～3回折り込む。両端も同様に折り込み、全部で2つつくる。オーブントースターかグリルで8～9分焼く。器に盛りつけ、くし形に切った柑橘を添える。

カルパッチョ

冷凍庫で冷やしておくと
きれいに切れる

⏱ **30** min ⬩ **82** kcal
冷凍を含む

材料（前菜として4人分）

鯛（刺身用のさく）
　…120g
塩…小さじ1/4
こしょう…少々
レモン…1/4個
オリーブ油…大さじ1
ベビーリーフ…1/2袋
A オリーブ油…小さじ1
　塩、こしょう…各少々

★ Point
- 鯛以外にひらめなどの白身魚、まぐろ、ぶり、しめさばでも。
- ベビーリーフ以外に、イタリアンパセリやパセリの葉、ルッコラ、水菜でも。

おすすめ組み合わせ

カルパッチョを前菜として

 and

p.145
コールスロー
サラダ

p.168
ミートソース
スパゲティ

包丁についた身を
反対の手で受けて

左端を指で
右端を刃先で支え、
器に並べる

1 鯛を冷やす

鯛は切る前に15〜20分、冷凍庫に入れる。

❗ ラク 凍らずにほどよく身がかたくなり、包丁でそぎ切りしやすくなります。

2 薄くそぎ切りする

刺身用のさくは身の薄いほうが手前になるようまな板に置き、包丁の刃元（手前）から刃先まですべらせるように引き、左端から薄くそぎ切りにする。

★ Point
包丁の刃渡りをいっぱいに使い、刃元から刃先にむかって一気に引くとなめらかに切ることができます。

3 盛りつける

切りながら1枚ずつ、器に並べて盛りつける。塩、こしょうをふり、レモンをしぼって、オリーブ油を回しかける。ベビーリーフに**A**を混ぜ、中央に盛りつける。

★ Point
- 幅の広いほうを外側にして、ピンクの部分を同じ向きに並べるときれいに盛りつけられます。
- 油を先にかけると膜ができて味がつきにくいので、後からかけます。

鶏の照り焼き

おいしいコツ 余分な油を拭き取ると
たれが絡んで照りが出てくる

🕐 **20** min　💧 **361** kcal

材料（2人分）　フライパン ⋙ **22** cm

鶏もも肉… 1枚（250〜300g）
塩…小さじ1/6
酒…大さじ1/2
A 砂糖…大さじ1
　みりん…大さじ1
　しょうゆ…大さじ1
サラダ油…小さじ2

つけ合わせ
　パプリカ…1/3個
　玉ねぎ…1/2個
　エリンギ… 2本

⭐ **Point**
・鶏もも肉の代わりに、とんかつ用の豚肉でつくることもできます。
・照り焼きの味つけ「砂糖：みりん：しょうゆ＝1：1：1」を覚えて
　おくと味の基本になります。
・つけ合わせは、ピーマン、長ねぎ、しめじ、しいたけなどでもOK。

おすすめ組み合わせ

 and

p.129　　　　　p.140
かぼちゃの煮物　かぶの甘酢漬け

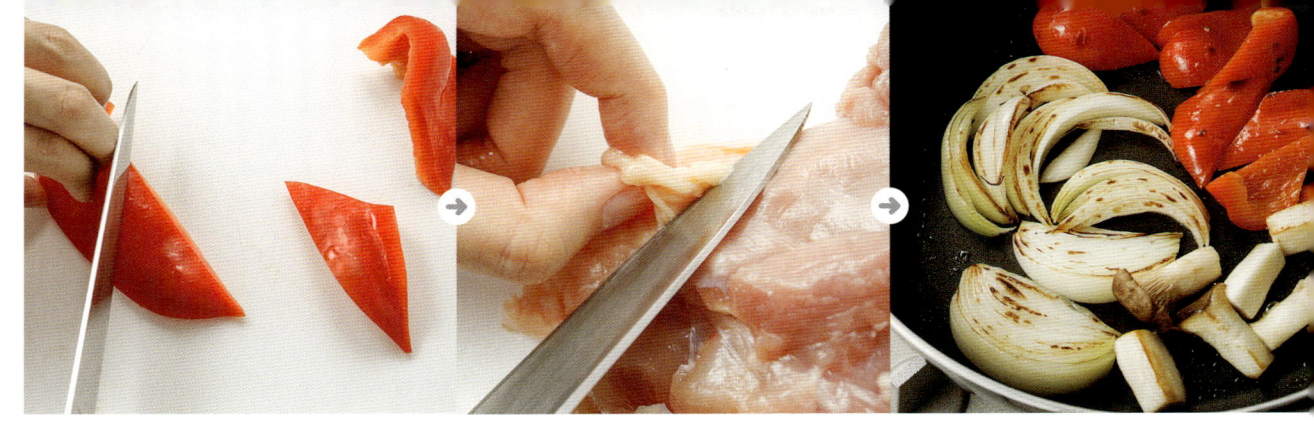

1 野菜を切る

パプリカは種を取り、2cm幅、斜め半分に、玉ねぎは2cm幅のくし形に切る。エリンギは石突を取り、長さを半分にして縦4等分する。

2 肉を下ごしらえする

鶏肉は余分な脂を取り、身の厚い部分は切り込みを入れる（→p.182）。1枚を2切れに切り、塩、酒で下味をつける。

? ナゼ
・余分な脂は脂っぽさの原因になるので取り除きますが、塊の取りやすい部分のみでOK。全部取ろうとすると、皮と身が離れてしまいます。
・身の厚みを均等にすることで、焼きムラがなくなります。

3 つけ合わせをつくる

フライパンに油小さじ1を入れて温め、**1**を**中火**で炒める。塩、こしょう各少々（ともに分量外）し、器に盛りつける。

4 肉を焼く

3で使ったフライパンに油小さじ1を入れ、鶏肉の皮を下にして入れる。フライ返しなどで押さえながら**中火**で焦げ目がつくまで焼く。

★ Point
皮から入れ、押さえながら焼くと鶏肉から油が出ておいしい焼き目がつきます。

5 裏返す

裏返し、**弱火**で**4〜5分**焼く。火を止め、余分な油はペーパータオルで拭き取る。

★ Point
余分な油を拭き取ると味が絡みやすく、油っぽくなりません。

6 たれを絡める

Aを加え、**強火**で煮汁がほとんどなくなるまで煮詰める。火を止め、**1〜2分**そのままおく。1cm幅のそぎ切りにし、盛りつけてたれをかける。

★ Point
・煮汁は冷めるととろみが強くなります。「まだちょっととろみが足りないかな？」くらいで火を止めると、ちょうどよいたれになります。
・1〜2分おくと煮汁が落ち着き、切っても煮汁が逃げません。

筑前煮

 おいしいコツ 鶏肉と野菜を最初に炒め、
焦げ目を旨みとしてプラス！

🕐 **30** min　💧 **196** kcal

材料（2〜3人分）　鍋 >>> **18〜20** cm

鶏もも肉…1/2枚
酒…大さじ1/2
にんじん…1/3本（50g）
れんこん…50g
ごぼう…15cm
里いも…3個（200g）
こんにゃく…1/4枚（50g）
干ししいたけ…2枚

A だし*…3/4カップ
　砂糖…大さじ1/2
　みりん、しょうゆ
　　…各大さじ1と1/2
ごま油…大さじ1/2

*だし=かつおだし
　＋干ししいたけの戻し汁

 Point
・全体の重さが同じなら、野菜の種類は増減してもOK！
・「砂糖：みりん：しょうゆ＝大さじ1：3：3」と覚えると、本を見なくてもつくれます。
・干ししいたけの戻し汁は旨み成分がたっぷり。こしてだしとして使えます。
・おせちやお客様用には、ゆでた絹さやや、さやいんげんを加えましょう。

COLUMN

副菜（大）としてもOK

筑前煮は、少量を盛って副菜（大）にもできます。メインに焼き魚、副菜（小）にゆで青菜などを合わせましょう。多めのレシピなのでつくりおきにもおすすめ。

おすすめ組み合わせ

メインなら…

 **and**

p.131　　　　p.134
焼きなす　　冷やっこ

72

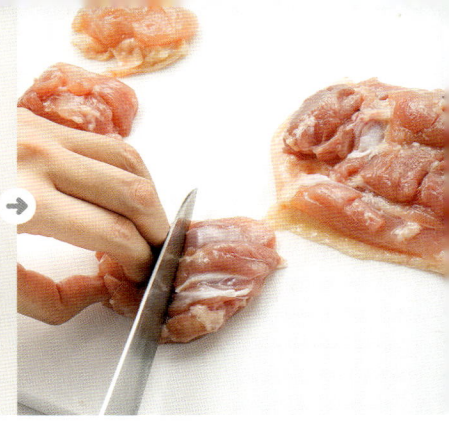

1 野菜を切る

にんじん、れんこんは皮をむき、ご
ぼうは皮をこそげて乱切りにする。
れんこん、ごぼうは水につけてザル
に取る。里いもは水気を取って皮を
むき、1個を2つ程度に切る。塩少
々（分量外）をふってもみ、洗う。

❓ **ナゼ** 里いものかゆみ成分は水に溶けやす
いので、しっかり水気を取ってから
皮をむくと、肌がかゆくなりにくい
です。

2 食材を下ごしらえする

こんにゃくはひと口大にちぎり、熱
湯で2〜3分ゆでてアクを抜く。干
ししいたけはひたひたの水で戻す。
軸を取り、2〜3切れのそぎ切りに
する。

❗ **ラク** アク抜き済みのこんにゃくを使えば、
ゆでなくてもOKです。

3 肉を下ごしらえする

鶏肉は余分な脂を取り（→p.182）、
ひと口大に切って酒をふる。

4 肉、かたい野菜を炒める

鍋にごま油を温め、肉、にんじん、
ごぼう、れんこんから先に入れて中
火で炒める。

⭐ **Point**
・肉は皮を下に入れると油がよく出
　てコクになります。すぐに動かそ
　うとすると、鍋底にくっついてし
　まうので、少し待って表面がかた
　まってから混ぜましょう。
・野菜はかたいものから炒めると、
　火の入りが均一になります。

5 だしを加えアクを取る

肉の色が変わり、少し焦げ目がつい
たら残りの材料も入れて強火で炒め
る。Aを加えて木べらで鍋底から混
ぜ、沸騰したらアクを取る。

⭐ **Point**
・野菜をしっかり炒めてから煮ると、
　焦げ目が旨みになります。
・だしを入れたら、焦げ目をこそげ
　るように鍋底から混ぜて、煮汁に
　旨みを加えます。

6 煮る

落し蓋と蓋をして強めの弱火で15
〜20分煮る。途中1〜2度混ぜる。
蓋を取り【味見】する。よければ強
火にして鍋をやさしくゆすり、煮汁
が少なくなるまで煮る。

⭐ **Point**
最後強火にして鍋をゆすりながら煮
詰めると、味にコクが出て、全体に
ツヤが出ます。

冷しゃぶボリュームサラダ

おいしいコツ 湯に酒、塩を加えれば
豚肉の臭みが取れて
旨みアップ！

⏱ **20** min　💧 **322** kcal

材料（2人分）　鍋 >>> **14** cm

豚肉（しゃぶしゃぶ用）…150g
グリーンリーフ…2枚
きゅうり…1/2本
ミニトマト…4個
紫玉ねぎ（または玉ねぎ）
　…1/4個
貝割れ大根…1/2パック
アボカド…1/2個

レモン汁…小さじ1
和風ドレッシング
　（またはごまドレッシング）
　…適量（→p.143）

⭐ **Point**
・肉の部位はロース、肩ロース、もも、バラなどお好みで。
・アボカドの代わりに、ゆでたじゃがいもや焼いたフランスパンなどを加えて
　もボリュームアップします。小鍋ひとつでたんぱく質と野菜が摂れるお助け
　メニューです。

おすすめ組み合わせ

 or

p.164
チキンオムライス

p.170
カルボナーラ
スパゲティ

1 野菜を切る

グリーンリーフはひと口大にちぎり、きゅうりは縦半分に切って1cm厚さの斜め切り、トマトはヘタを取って半分に切る。玉ねぎは薄切り、貝割れは根元を切り、長さを半分にする。

？ ナゼ 包丁で切ると切り口が変色するので、手でちぎります。芯はかたいので割ると食べやすいです（写真左）。

2 アボカドを下ごしらえする

アボカドは皮を取って1cm角に切り、レモン汁をかける。

？ ナゼ レモン汁をかけると変色を防げます。

3 野菜を冷水につける

グリーンリーフ、きゅうり、玉ねぎ、貝割れは冷水に5分ほどつけ、しっかり水気をきる。

？ ナゼ 野菜を冷水につけると、水が野菜の細胞に入り、パリッとハリが出ます。

★ Point 水分が残ると味が薄くなってしまうため、よくきります。サラダスピナーがなければザルとボウルを合わせて上下にふり、しっかり水気をきりましょう（→p.142）。

4 湯に酒と塩を加える

鍋に湯を沸かし、酒大さじ1、塩少々（ともに分量外）を加える。

？ ナゼ 酒、塩を加えた湯でゆでると、臭みが抜けやすく、下味がつきます。

5 肉をゆでる

豚肉を数枚ずつ入れ、色が変わるまで強火で30秒〜1分ゆでる。ザルに上げて水気をきって冷まし、ひと口大に切る。

★ Point 肉は冷やすと脂が浮くので常温で冷ましましょう。

6 盛りつける

全体を混ぜて盛りつけ、ドレッシングをかける。

豚肉のみそ漬け焼き

おいしいコツ 漬けるだけで肉やわらか！
まとめ買い→つくりおきにもピッタリ

🕐 **20** min　💧 **402** kcal
漬ける時間を除く

材料（2人分）　フライパン ⋙ 22㎝

豚ロース肉… 2枚
A（混ぜておく）
　砂糖…大さじ1
　みそ…大さじ3（55g）
　酒…大さじ1
サラダ油…大さじ1/2

つけ合わせ
　キャベツ… 2枚
　きゅうり…1/2本
　しょうが…1/2かけ
　塩…小さじ1/3
B 砂糖…大さじ1/2
　酢…大さじ2
　塩…小さじ1/6

COLUMN

漬けた状態で1週間保存◎

2のみそを塗った状態で1週間冷蔵できます。ポリ袋に入れて空気を抜いて密閉すると味が早くなじみます。

おすすめ組み合わせ

p.128
野菜の焼きびだし

⭐ **Point**
・鶏肉や牛肉、さわらや鯛などの魚の切り身でもOK。
・甘みそ（白みそ、西京みそ）を使うときは砂糖を控えめにしましょう。

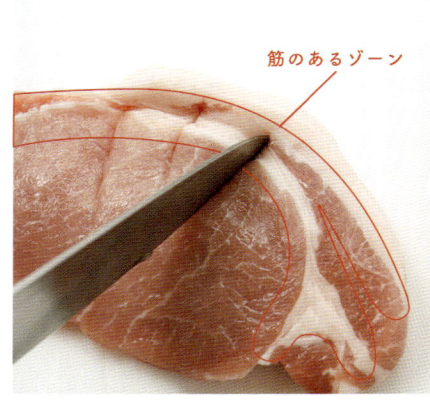

筋のあるゾーン

1 肉の筋を切る

豚肉は赤身と脂肪の間間の**筋を切る**（→p.182）。

? 焼き縮みしにくくなり、よりやわら
ナゼ かく食べられます。

2 みそを塗る

Aを肉の両面にゴムベラで薄くつけ
る（バットにみそを塗り、その上に
豚肉を置いて、肉にみそを塗ると両
面に塗りやすい）。**1日以上漬ける。**

! この状態で1週間冷蔵保存できるの
ラク で、メイン料理のつくりおきにもな
ります。

3 つけ合わせをつくる

キャベツは3cm角、きゅうりは厚め
の小口切り、しょうがはせん切りに
する。塩を混ぜてもみ、**10分**ほど
おく。水気をしぼり、**B**を混ぜ、器
に盛りつける。

★ ポリ袋に入れふってもみ、空気を抜
Point いてつくるとそのまま保存できます。

4 肉を焼く

フライパンに油を温める。ゴムベラ
でみそを取り除いた肉を、表側（盛
りつけたときに上になるほう）を下
にして**中火**で焼く。

★ ・みそが多く残ると焦げついてしま
Point うので、ゴムベラで丁寧に取りま
す。
・最初に入れた面は美しく焼けるの
で、盛りつけるときに上になるほ
うから先に焼きます。

5 裏返す

焦げ目がついたら裏返し、**弱火にし
て4〜5分**焼く。

★ みそのついた肉は焦げやすので、表
Point 面がきれいに焼けたら裏返し、弱火
で中まで火を通します。

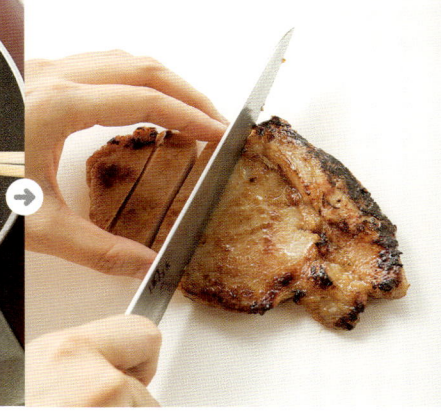

6 切る

火を止めて**1分**ほどおき、2cm幅に
切り、盛りつける。

さばのみそ煮

おいしいコツ みそを2回に分けて入れれば
香りが生きる

🕐 **25** min　💧 **214** kcal

材料（2人分）　フライパン >>> 22cm

さば… 2切れ
しょうが… 1かけ
A 砂糖…大さじ1
　酒…大さじ3
　水…1/2カップ
みそ…大さじ2
つけ合わせ
　長ねぎ…1/2本
　こんにゃく…1/4枚

 Point
・しょうが、酒がさばの臭みを除いてくれます。さばのみそ煮に欠かせない名わき役です。
・みそは信州みそ、赤みそ、仙台みそなど、お好みのものを。

COLUMN

ジャストサイズの鍋を選んで

煮崩れを防ぐため、重ねずに入る鍋を選びます。サイズが合えばフライパンでも。大きすぎると煮汁が早く蒸発するので、魚の厚みの1/2深さまで水を足して。

おすすめ組み合わせ

 and

p.130
高野豆腐の
含め煮

p.140
れんこんの
梅肉和え

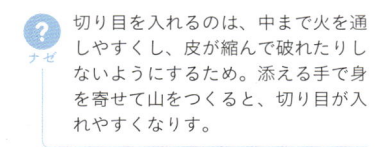

1 食材を切る

しょうがは皮をこそげて薄切りにする。ねぎは4cm長さに切る。こんにゃくは斜めに浅く格子状の切り込みを入れ、2cm角に切る。熱湯で2〜3分ゆでてアク抜きする。

?
ナゼ
・切り込みを入れると中まで味が染みやすくなります。
・こんにゃくの原料や凝固剤に含まれているエグミをゆでて抜きます。アク抜き済みの商品もあります。

2 さばに切り目を入れる

さばは皮に切り目を入れる。

?
ナゼ
切り目を入れるのは、中まで火を通しやすくし、皮が縮んで破れたりしないようにするため。添える手で身を寄せて山をつくると、切り目が入れやすくなりす。

3 煮る

鍋に **A**、**半量のみそ**、しょうがを入れて**中火**で沸騰させる。さばの皮を上にして、重ならないように入れる。表面の色が変わるまで煮汁を4〜5回かけ、アクを取る。

★
Point
みそは煮立たせると香りが飛ぶので、2度に分けて加えます。最初のみそをしょうゆに代えるとしっかり味になり焦げつきにくいです。量はみそより控えめ、大さじ1弱に。

4 つけ合わせを加える

空いたところにねぎ、こんにゃくを加える。

!
ラク
同じ煮汁でつけ合わせもつくれるので、ボリュームが出ます。

5 さらに煮る

落し蓋をして、途中2〜3回煮汁をかけながら**中火**で**8分**ほど煮る。

★
Point
煮汁が少なく、落し蓋をしても煮汁がしっかり回らないので、途中で煮汁をかけましょう。

6 みそを溶く

5 の煮汁を少量取り、残りのみそを溶いて 5 に戻し入れる。1〜2分煮て器に盛りつけ、煮汁をかける。

★
Point
中まで味は染みないので、食べるときに煮汁をつけながら食べましょう。

あじとたっぷり野菜の南蛮漬け

おいしいコツ 揚げたてを熱いうちに漬けるとじんわり味がよく染みる

🕐 **40** min 　 🔥 **183** kcal

材料（2人分）　フライパン >>> 22cm

あじ… 2尾（250〜300g）
塩…小さじ1/4
酒…大さじ1/2
小麦粉…大さじ1
にんじん…4cm
ピーマン…1個
長ねぎ…8cm
しょうが…1かけ
赤唐辛子…1/2本

漬け汁
　砂糖…小さじ2
　しょうゆ…大さじ1
　酢…大さじ4
揚げ油…適量

COLUMN

保存効果が高まる酢のパワー

酢には防腐・殺菌効果があるので、南蛮漬けやマリネなどにすると4〜5日冷蔵保存できます。血圧やコレステロール、血糖値などを下げる効果もあります。

おすすめ組み合わせ

 and

p.131　　　　p.134
焼きなす　　冷やっこ

1 野菜を切る

野菜はすべて4cmのせん切りにする。
赤唐辛子は種を取り、半分に切る。

2 漬け汁に漬ける

大きめの容器に漬け汁の材料を合わ
せ、1を混ぜる。

3 あじを三枚に下ろす

あじは洗い、ウロコとゼイゴ、頭、
内臓を取る。洗い、水気を拭いて三
枚に下ろす（→p.183）。

> **ラク** 身と骨を三枚に下ろすので「三枚下
> ろし」です（中骨〈写真の2〉は使
> いません）。売り場でさばいてもら
> うか、すでに下ろしてあるあじを買
> うと、このレシピはもっと手軽につ
> くれます。

4 骨を取る

身についた腹骨を削ぎ取り（写真
上）、中央の小骨を骨抜きで抜き取
る（写真下）。

> **Point** 指で触りながら骨を探し、頭のあっ
> た方向に向かって抜き取りましょう。

5 下味、粉をつける

塩、酒をふり、小麦粉をつける。余
分な粉ははらう。

> **ナゼ** ・塩、酒によって臭みが取れ、下味
> がつきます。
> ・小麦粉をしっかりつけておくと、
> 漬け汁を吸って味がよくのります。

6 揚げて漬ける

揚げ油をフライパンに1cmほど入れ、
170～180℃に温め、5のあじを両
面カラッとするまで2～3分揚げる。
温かいうちに2に漬ける。

> **ラク** 身の薄い魚なので、油の量は少なく
> てOKです。

> **Point** 揚げて温かいうちに漬け汁に漬ける
> と、よく味が染み込みます。

ぶり大根

おいしいコツ　砂糖としょうゆの時間差調味で
甘みと塩気がちょうどよいバランスに

🕐 **50** min　💧 **352** kcal

材料（2人分）

鍋 >>> **18〜20** cm

ぶり…200g
大根…6cm（300g）
水…1カップ
昆布…5cm
しょうが…1かけ
砂糖…大さじ1/2
酒、みりん…各大さじ2
しょうゆ…大さじ1と1/2

Point
・ぶりは背身を使うとさっぱりした仕上がりに、腹身を使うとコクが出ます。アラを使うと旨みアップ。
・鮭やさば、豚肉などでも。
・煮終わって冷める間にも大根に味が入るので、少し早めにつくっておくとより味が染みます。

おすすめ組み合わせ

 and

p.48 白和え　　p.139 たたききゅうり

1 大根を下ゆでする

鍋に水、昆布を入れて**20分**ほどおき、昆布を3cm角に切り、鍋に戻し入れる。しょうがは皮をこそげ、薄切りにする。大根は皮をむき、1.5〜2cm厚さの半月切りにする。米のとぎ汁で少し透き通るまで**中火で10〜15分**ゆで、ザルに上げ水で洗う。

？ナゼ とぎ汁でゆでると大根の臭いをでんぷんが吸着し、味が染みます。とぎ汁がなければ、米大さじ1を入れて。

2 ぶりに熱湯をかける

ぶりの切り身は3cm角程度に切る（アラはウロコや血の塊などが残っていたら、取って洗う）。表面が白くなるまで（写真）**熱湯をかける。**

？ナゼ ぶりの表面に熱湯をかけると、たんぱく質がかたまって煮崩れしにくくなり、臭みも取れます。血の塊やウロコも取りやすくなり、煮る途中でアクを取る回数も減ります。

3 煮る

1の昆布の鍋にしょうが、大根、2、**砂糖、酒**を加えて**強火**にかける。アクを取って落し蓋をし、少し開けて蓋をして**弱火で15分**ほど煮る。**みりん、しょうゆ**を加え、煮汁が少なくなるまで**弱火で15分**ほど煮る。途中1〜2度混ぜる。

Point 煮物は味の染みが遅い砂糖類から加え、味の染みが速い塩分を後から加えるとバランスよく味が入ります。

鶏手羽のさっぱり煮

おいしいコツ
手羽の脂とコク深い旨みを酢でさっぱりと
ふっくらやわらかに煮上げて

⏱ **30** min 🔥 **390** kcal

材料（2人分）

鍋 >>> **18~20** cm

鶏手羽中… 6 本
れんこん…150g
パプリカ…1/2個
しょうが…1/2かけ
ゆで卵（p.120→8分加熱）
　…2 個
A 砂糖、しょうゆ
　…各大さじ1と1/2
　酢…大さじ2
　みりん…大さじ1
　だし…カップ3/4

❓ナゼ 煮汁に酢を入れると、脂臭さが取れてさっぱりと、やわらかく煮ることができます。

おすすめ組み合わせ

p.44
ゆで青菜

1 手羽肉に熱湯をかける

手羽肉は表面が白くなるまで湯をかけ、さっと洗って水気を拭く。

❓ナゼ 湯をかけると、鶏の臭みが取れます。白い塊が表面に浮き出るので、洗い流しましょう。これでアクを取る回数がグンと減ります。

⭐Point 手羽中は煮物にすると骨から味が出ておいしい部位です。脂、コラーゲンも多め。手羽先、手羽元、鶏ぶつ切り、鶏もも肉でもOKです。

2 野菜を切る

れんこんは皮をむき**乱切り**、パプリカも乱切りにする。しょうがは皮をこそげ、薄切りにする。

⭐Point れんこんを切ってから煮るまでに時間がかかるときは、水にさっとつけて変色を防ぎましょう。

3 煮る

鍋に A、**1**、れんこん、しょうがを入れて**強火**にかける。アクを取り、落し蓋をして**弱火**で**15分**ほど煮る。【味見】する。パプリカ、ゆで卵を加え、**5分**ほど煮る。卵は半分に切り、すべて器に盛りつける。

白身魚の煮つけ

おいしいコツ 沸騰した煮汁に入れ中火でさっと煮上げれば
ふっくら旨みを逃さない

🕐 **20** min　💧 **171** kcal

材料（2人分）　フライパン ⋙ 22 ㎝

白身魚（かれい、
　ぎんだら、鯛など）… 2 切れ
しょうが… 1 かけ
A 水…1/3カップ
　酒…1/4カップ
　砂糖…大さじ1
　みりん…大さじ1
　しょうゆ…大さじ1と1/2

つけ合わせ
　ごぼう…15㎝
　わかめ（塩蔵）…10g

⭐ **Point**
- 皮目が広いかれいなどは、ウロコが残っていないか指で触ってよく確認しましょう。あれば、包丁の刃先で優しく取ります。
- かれいに卵があるときは、火が通るのに時間がかかるため、卵の裏側の身に切り込みを入れ、水を少し多くして煮る時間を長めに。
- 白身魚以外にさば、あじなどでもつくれます。脂がある分、よりコク深い味わいに。
- つけ合わせはこんにゃくやにんじん、長ねぎなども。

COLUMN

ジャストサイズの鍋かフライパンで

鍋が小さくて身が重なると煮崩れしたり火や味が均等に入りません。大きいと魚が煮汁にひたらず、煮汁もすぐ蒸発してしまうので、煮汁の水を少し多めに。

おすすめ組み合わせ

 **and**

p.131
たことわかめの
酢の物

p.44
ゆで青菜

1 食材を用意する

ごぼうは皮をこそげて4cm長さに切り、縦に4〜6等分する。水にさっとつけて水気をきる。わかめはさっと洗い、**5分**ほど水につけて戻す。水気をしぼり、**3cm長さに切る**。しょうがは薄切りにする。

⭐ **Point** わかめは広げて、葉の部分を根元から切り、茎と重ねてひとつの束にしてから切ると長さをそろえやすいです。

2 魚を下ごしらえする

魚の切り身は水分（ドリップ）があれば拭き取り、皮の幅が広かったら**切り込みを入れる**。

❓ **ナゼ** 皮の面が多い場合は切り込みを入れないと皮が縮み、煮上がった姿が悪くなります。味の染み込みをよくする効果もあります。

3 魚を入れる

鍋に **A**、しょうがを入れて**中火にかける**。**沸騰したら**皮面が上になるように魚を入れる。

⭐ **Point** 魚は長く火にかけると身がかたくなるので、中火程度で短時間で煮上げます。

❓ **ナゼ** 煮立ったところに魚を入れると、表面のたんぱく質がキュッとかたまり、旨みを逃さず煮崩れしにくくなります。

4 煮汁をかける

切り目が開き、**表面がかたまるまで煮汁をかける**。アクを取り、ごぼうを入れる。

⭐ **Point** 裏返すと身が崩れるので裏返しません。煮汁をかけながら煮ると、上からも火が通り、落し蓋に身がつきにくくなります。

5 煮る

落し蓋をし、煮汁が少なくなるまで8〜10分煮る。【味見】する。

⭐ **Point** 臭みがこもらないよう、落し蓋だけで蓋はしません。

6 盛りつける

魚、ごぼうを器に盛りつける。煮汁にわかめを入れて**中火にかけ**、ひと煮立ちしたら盛りつける。残りの煮汁を**強火**で**1〜2分**煮詰め、魚にかける。

⭐ **Point** 魚に味は染み込みにくいので、煮汁は少なめ、濃い味で煮て、煮汁をつけながら食べます。

ポトフ

おいしいコツ 時間がおいしい魔法をかけるスープ
骨つき肉で濃厚な旨みを引き出して

🕐 **50~60** min　💧 **171** kcal

材料（2人分） 鍋 ≫≫ **18~20** ㎝

スペアリブ…4本（300g）
玉ねぎ…1/2個
にんじん…1/2本
じゃがいも…小2個（200g）
セロリ…1/2本

A 水…3と1/2カップ
｜スープの素…1個
｜塩…小さじ1/2
｜こしょう…少々
｜ローリエ…1枚
粒マスタード…適宜

 Point スペアリブは骨つきの鶏ぶつ切り、手羽元、手羽先、豚肩ロースの塊などで代用できます。鶏肉なら野菜と同時に煮て30分ほどでやわらかく食べられます。

おすすめ組み合わせ

or

p.145
マカロニサラダ

p.149
大根とカリカリ
じゃこのサラダ

1 スペアリブに熱湯をかける

スペアリブは熱湯をたっぷりかける。表面が白くなったら、表面をさっと洗う。

> **？ナゼ** 肉の表面に熱湯をかけておくと臭みが取れ、表面がかたまります。表面についた汚れを洗えばアクを取る回数がグンと減り、汁もスッキリしてにごりません。

2 野菜を切る

玉ねぎは 4 等分のくし形に、にんじんは皮をむき、縦半分に切る。じゃがいもは皮をむいて芽を取る（→p.181）。

3 セロリを切る

セロリは葉と細い茎を取る。太い茎は筋を取り、4〜5cm長さに切る。

4 肉、セロリを煮る

鍋に **A**、**1**、**3** のセロリの葉と細い茎を入れて火にかける。沸騰したらアクを取り、少し開けて蓋をして**弱火で20分以上煮る**。

> **Point** 豚肉は合計 1 時間以上煮るとやわらかくなります。余裕があれば、ここで40分以上煮ておきましょう。

5 野菜を加え煮る

2、**3** のセロリの太い茎を加え、蓋をしてにんじんがやわらかくなるまで**20〜30分煮る**。セロリの葉と細い茎、ローリエを取り除く。

> **Point** ・じゃがいもは煮崩れしやすいので、崩れてきたら様子を見て取り出しましょう。細長いメークイン系が、男爵より煮崩れしにくい品種です。
> ・セロリの葉などは香りづけなので、取り除いておきます。

6 味を調える

【味見】し、塩、こしょう各少々（ともに分量外）で味を調え、器に盛りつける。粒マスタードを添える。

> **Point** 煮詰める状態で味が変わりやすい料理です。最後に必ず味を見て、塩、こしょうで調えましょう。

なすと豚肉の
ピリ辛みそ炒め

おいしいコツ 別々の加熱で肉はカリッとジューシーに
なすはやわらかく

🕐 **20** min 　💧 **385** kcal

材料（2人分）　フライパン ⋙ 26㎝

なす… 2本
玉ねぎ…1/2個
ピーマン…2個
にんにく… 1片
豚バラ肉…100g
A 塩、こしょう…各少々
　酒…大さじ1/2
　片栗粉…小さじ1

B（混ぜておく）
　砂糖…小さじ1
　みそ…大さじ1と1/2（27g）
　水…大さじ2
　豆板醤（好みで）
　　…小さじ1/2（3g）
ごま油…大さじ1/2
サラダ油…大さじ1

Point 豆板醤は入れなくてもおいしいです。好きな方は量を増やしても。豆板醤がなければ、赤唐辛子1/2本をにんにくと一緒に炒めましょう。

COLUMN

豚肉料理で疲れを取って

豚肉に含まれるビタミンB_1は疲労回復に役立ちます。玉ねぎの硫化アリルが身体への吸収率をアップしてくれるので、効率的に疲れを取ることができます。

おすすめ組み合わせ

 or

p.139　　　　　p.149
たたききゅうり　豆もやしのナムル

1 野菜を切る

なすは縞目に皮をむき（→p.181）、縦半分に切る。1.5cm厚さの斜め切りにする。**水につけて水気を拭く**。玉ねぎは芯を取り、1cm厚さに切る。ピーマンは半分に切って種を取り、乱切りにする。にんにくは薄切りにして芯を取る（→p.182）。

? ナゼ 水につけると、変色を防ぐことができます。

2 肉を下ごしらえする

豚肉は4cm長さに切り、**A** で下味をつける。

? ナゼ 塩、酒は豚肉の臭みを取り、片栗粉がたんぱく質の焼き縮みを防いでやわらかく仕上げてくれます。

3 炒める

フライパンにごま油、にんにくを入れて**弱火**にかける。にんにくの香りが出てきたら、**2** を入れて**強火**で炒める。肉の色が変わったら取り出す。フライパンをペーパータオルなどで拭く。

★ Point にんにくは焦げやすいので、冷たい油に入れ弱火で香りを出します。

4 なすを蒸し焼きにする

3 のフライパンにサラダ油となすを入れ、**手早く混ぜて**油をなじませる。**塩少々（分量外）**をふり、蓋をして**中火で2〜3分**蒸し焼きにする。

★ Point
・なすはスポンジのように油をよく吸うため、一度に入れ手早く混ぜると部分的な吸いすぎを防げます。
・塩をして、なすから出た水分を利用して蒸し焼きにし、実をやわらかくします。

5 野菜、肉を加えて炒める

玉ねぎ、ピーマンを加えて**強火**で炒める。玉ねぎが透き通ってきたら（写真）、肉を戻し入れる。

★ Point 炒め物は強火＆短時間で加熱するとシャキッと仕上がります。

6 調味する

B を加え、**中火**にしてフライパンをゆするようにし、なすを崩さないように混ぜ合わせる。汁気がほとんどなくなるまで炒める。

ゴーヤチャンプルー

おいしいコツ　ゴーヤは厚切りで食感を残し
塩をふって優しい苦みに

🕐 **20** min　🔥 **328** kcal

材料（2人分）　フライパン ≫≫ 26㎝

ゴーヤ（にがうり）…1/2本
豚こま切れ肉…100g
A 塩、こしょう…各少々
　　片栗粉、酒…各小さじ1
木綿豆腐…1/2丁
卵…1個
塩…少々

B しょうゆ…大さじ1
　　みりん…大さじ1/2
　　けずりがつお…ひとつかみ
サラダ油…大さじ1

ゴーヤは夏バテ予防にも

ゴーヤにはビタミンCが多く、苦み成分のモモルデシンは消化液の分泌を促して食欲を増進させる働きがあるため、旬の夏に食べれば夏バテ予防につながります。

おすすめ組み合わせ

 and

p.129　　　　　p.139
かぼちゃの煮物　たたききゅうり

Point
・ゴーヤの苦みが好きな方は、塩をふらないと苦みが引き立ちます。
・けずりがつおを多くすると旨みが加わり、苦みが和らぎます。

1 ゴーヤを切る

ゴーヤは縦半分に切り、種とワタを取り、1cm厚さに切る。塩少々（分量外）し、**5分**ほどおいて水気を軽くしぼる。

2 豆腐、卵を用意する

豆腐は1cm厚さ、4cm角に切り、ペーパータオルの上に並べて電子レンジで**1分**ほど加熱して水気をきる。卵は溶きほぐし、塩を加えて混ぜる。

> **ラク** 豆腐の水きりは電子レンジで手軽に。レンジ加熱は皿の中心に熱が入りにくいので、材料は周りに並べましょう。しっかり水をきると炒め物がベチャベチャしません。

3 肉を下ごしらえする

豚肉は大きいものは4cm長さに切り、**A**で下味をつける。

4 豆腐を焼く

フライパンに半量の油を入れ、豆腐を**中火**で両面焼いて**取り出す**。

> **Point** 炒めているうちに崩れてしまうので、いったん取り出し、最後に混ぜます。

5 肉、ゴーヤを炒める

残りの油を入れ、豚肉を入れて**強火**で炒める。肉の色が変わったらゴーヤを加え、少し焦げ目がつくまでさらに炒める。

6 豆腐、卵を加える

豆腐を戻し入れ、**中火**にして**B**を加えて調味する。具全体を片隅に寄せ、空いた部分に**卵を入れて大きく混ぜ**る。半熟になったら、全体を混ぜ合わせる。

> **Point**
> ・**B**はフライパンに直接入れると焦げやすいため、具にかけるように入れましょう。
> ・卵は火を入れすぎるとかたくなるので、最後に入れてふんわりと。

肉豆腐

おいしいコツ 煮汁から出た旨みを
豆腐に吸わせてじんわりおいしく

🕐 **20** min　💧 **329** kcal

材料（2人分）　鍋 ≫≫ 18〜20cm

牛こま肉…100g
木綿豆腐…1丁（300g）
玉ねぎ…1/2個
ごぼう…20cm
しめじ…1/2パック
春菊…1/4袋

A だし…1/2カップ
　砂糖…大さじ1
　みりん、しょうゆ
　　…各大さじ1と1/2
七味唐辛子…適宜

おすすめ組み合わせ

p.140
れんこんの梅肉和え

92

1 豆腐を切る

豆腐は2cm厚さ、4cm角に切る。ペーパータオルに広げて自然に水気をきる。

> ！ ラク ペーパータオルに広げるだけで水きりOK。急ぐときはペーパーで包み、バットと重しを置いて。

2 野菜を切る

玉ねぎは1cm厚さに切る。ごぼうは皮をこそげ、大きめのささがきにして水にさらし、水気をきる。しめじは石突を取り、小房に分ける。

> ！ ラク ささがきが苦手な人はピーラーで削っても。

> ？ ナゼ ごぼうは切り口から変色するので、水につけて予防します。

3 春菊を切る

春菊は葉を摘む。茎は4cm長さの斜め切りにする。

> ★ Point 葉と茎はかたさに差があり、火の入り方が違うので別にしておきます。

4 肉を煮る

鍋にA、牛肉を入れて強火にかける。肉の色が変わったらアクを取り、肉を取り出す。

> ★ Point
> ・先に牛肉を煮て煮汁に肉の旨みを出し、豆腐に染み込ませます。
> ・豆腐にアクがつかないよう、ここでよく取っておきましょう。
> ・肉は長時間煮るとかたくなるので、一度取り出し、最後に戻し入れるとやわらかく仕上がります。

5 豆腐、野菜を煮る

1、2を加える。落し蓋をして中火で15分ほど、途中で1～2度混ぜながら煮る。【味見】する。

> ★ Point 途中で上下を返すように混ぜると均等に味がつきます。

6 肉、春菊を加える

牛肉を戻し入れ、春菊の茎、葉の順に加えてひと煮立ちさせ、器に盛りつける。好みで七味唐辛子をふる。

タンドリーチキン

おいしいコツ

レンジ加熱でも味はスパイシーな本格派！
トースターでこんがりさせて

⏱ **20** min ♨ **349** kcal
漬け込み時間を除く

材料（2人分）

鶏もも肉… 1枚（300g）
塩…小さじ1/3
こしょう…少々
A ヨーグルト（無糖）
　…大さじ3
　レモン汁…大さじ1/2
　にんにく…1/2片
　しょうが…1/2かけ
　一味唐辛子、
　　ターメリック
　…各小さじ1/2
　ガラムマサラ
　…小さじ1
玉ねぎ…1/2個
B 砂糖…小さじ1
　酢…大さじ1と1/2
　塩…少々
サラダ菜…4枚

ナゼ　ヨーグルトを使うと、肉がふっくらやわらかくなります。

Point　スパイス類がなければ、カレー粉大さじ1/2でも代用できます。

1 肉、玉ねぎを漬ける

鶏肉は余分な脂を取り、6切れに切る。塩、こしょうをすり込む。Aのにんにくとしょうがをおろしてほかの材料と合わせ、肉を **1時間以上漬け込む**。玉ねぎは2cm幅のくし形に切り、熱湯で2〜3分ゆでて水気をきる。Bに15分ほどつける。

ラク　肉はこのまま2〜3日漬けてもOK。ポリ袋を使うと、洗い物が出ません。

2 肉をレンジ加熱する

鶏肉の汁気をペーパータオルで軽く拭き、皿にのせてラップをふわっとする。**電子レンジで2分**、裏返してさらに**2分**ほど**加熱する**。

❗ラク　本来は釜で焼く料理ですが、本書は電子レンジで8割火を通し、オーブントースターで焦げ目をつけるラクレシピです。

Point　肉によってはレンジ加熱で水分が出ます。水分はきって焼きましょう。

3 オーブントースターで焼く

オーブントースターまたはグリルの皿にアルミホイルを敷き、**2**の皮を上にして並べ、焼き目がつくまで**強火で7〜8分焼く**。**1**の玉ねぎ、サラダ菜とともに器に盛りつける。

Point
・たれの部分が焦げやすいので、熱の当たる場所を変えたりして調節しましょう。
・オーブンを使う場合は、レンジ加熱せず210〜220℃で20分が目安。

豚キムチ炒め

おいしいコツ キムチがあればつくれるお助けメニュー
味見を忘れず、塩加減して

🕐 **15** min　💧 **376** kcal

材料（2人分）

フライパン ≫≫ **26**cm

豚バラ肉（薄切り肉）
　…150g
塩…小さじ1/6
こしょう…少々
玉ねぎ…1/2個
にら…1/2束
もやし…1/2袋
白菜キムチ…100g
ごま油…大さじ1/2

⭐ **Point** 買ってから時間が経ち発酵
して少し酸味が出たもので
もおいしくできます。

おすすめ組み合わせ

p.139
たたききゅうり

1 食材を切る

玉ねぎは1cm厚さに、にらは4cm長
さに切る。もやしはできればひげ根
を取る。豚肉は5cm幅に切り、塩、
こしょうをふる。

ナゼ
・ひげ根を取ると、もやし特有の臭
みが少なくなります。根切りもや
しを使っても。
・加熱するとたんぱく質が締まって
味が入りにくいので、生の状態で
下味をつけます。

2 炒める

フライパンにごま油を温め、豚肉を
強火で炒める。肉の色が変わったら、
玉ねぎを入れて**中火**で**2〜3分**炒め
る。キムチを漬け汁ごと加えてさら
に炒める。

3 仕上げる

にら、もやしを加えてひと混ぜする。
【味見】をし、味が足りなければ、
塩またはしょうゆ、こしょう各少々
（すべて分量外）、キムチの漬け汁を
少し加えて味を調える。

Point にらももやしも短い時間でさっと炒
めてシャキッと仕上げます。

ラク 調味はほとんど不要。キムチが味の
決め手です。商品によって塩分は異
なるので、味を見て調整を。

95

肉ぎょうざ

おいしいコツ 焼き上がる直前のごま油で底カリッ！
触らないのがきれいにはがすコツ

🕐 **45** min　💧 **397** kcal　たれ **44** kcal

材料（2〜3人分）　フライパン 》》》 **26** ㎝

豚ひき肉…200g
キャベツ…80g
にら…5本
長ねぎ…10㎝
塩…小さじ1/4
しょうが（すりおろし）…1かけ
A 塩…小さじ1/4
　砂糖…小さじ1
　しょうゆ…大さじ1
　酒…大さじ2
　こしょう…少々
　ごま油…大さじ1

ぎょうざの皮…1袋20枚
ごま油…大さじ1
たれ（混ぜておく）
　酢…大さじ1/2
　しょうゆ…大さじ1
　ラー油…適宜

おすすめ組み合わせ

p.148
春雨サラダ

1 野菜を下ごしらえする

キャベツは芯を取り、にら、ねぎとともに粗みじん切りにする。塩をして**10分**ほどおき、しんなりしたら軽く水気をしぼる。

2 タネをつくる

豚肉に **A** の塩を加え、粘りが出るまで混ぜる。ほかの **A**、**1**、しょうがを加えてしっかり混ぜ、**20等分する**。

> **？ ナゼ** ひき肉同士がくっつき、肉汁が閉じ込められます。かぶりつくと皮からあふれる肉汁の秘密がここに！

> **！ ラク** ボウルの中でタネを平らにし、4等分します。1つをさらに5つに分けると、均等にタネを包めます。

3 タネを包む

皮の中央より向こうに1個分のタネをのせる。皮の半周、縁1㎝に指で水をつける。皮を半分に折り、手前の皮にひだをつくりながら向こうの皮と合わせ、口をしっかり押さえて包む。

> **★ Point** 水で皮をしっかりくっつけておくと、水分が逃げずジューシーにできます。

4 蒸し焼きにする

フライパンにごま油少々（分量外）を薄く引いて温め、**3** を並べる。熱湯をぎょうざの高さの半分くらいまで入れ、蓋をして**中火**で**4〜5分**蒸し焼きにする。

> **★ Point** 水が多めに感じますが、全体を蒸し焼きして火を通すには必要な量。蒸発するので大丈夫です。

5 焼き上げる

蓋を取り、残った水分を飛ばしながらさらに**4〜5分**焼く。ごま油を上から回し入れ、**強火**で焼く。

> **★ Point**
> ・蓋を取ったとき、まだたっぷりと水がある場合は、少し残る程度まで捨てましょう。
> ・皮がフライパンからはがれやすくなるまで触らない！ 無理に動かさないようにします。

6 盛りつける

フライパンからぎょうざがはがれるようになったら火を止める。フライパンを逆手に持ち、皿に裏返して盛る。たれを添える。

> **★ Point** 油が全体に回ると高温になって皮が焼け、フライパンから離れてはがれやすくなります。引っかかる部分をフライ返しで取り、全体が動くのを確認してから盛りつけましょう。

麻婆豆腐

おいしいコツ 肉はしっかり炒めて香ばしく
片栗粉は混ぜながら加えてダマ知らず

🕐 **20** min　💧 **390** kcal

材料（2人分）　フライパン >>> **26**cm

木綿豆腐… 1 丁（350〜400g）
豚ひき肉…100g
長ねぎ…10cm
しょうが… 1 かけ
にんにく… 1 片
豆板醤…小さじ1/2〜 1 （3〜7g）
ごま油…大さじ1

A 湯…3/4カップ
　スープの素（顆粒）…小さじ1
　砂糖…小さじ1
　しょうゆ…小さじ1
　テンメンジャン…大さじ 2 （40g）
　中国酒または酒…大さじ1/2
水溶き片栗粉（混ぜておく）
　片栗粉…大さじ1
　水…大さじ 2
花椒粉（あれば）…少々

⭐ **Point**
・豚バラ、豚肩ロースなどの厚い肉を粗く刻んでひき肉にすると、歯ごたえと存在感のある麻婆豆腐になります。時間のあるときにトライ！
・テンメンジャンがなければ、テンメンジャン大さじ 1 ＝みそ大さじ 1 ＋しょうゆ少々＋砂糖大さじ1/2でも。できれば赤みそで。

おすすめ組み合わせ

 or

p.148　　　　p.142
春雨サラダ　グリーンサラダ

1 野菜をみじん切りにする

長ねぎ、しょうが、にんにくはみじん切りにする。

2 豆腐を下ごしらえする

豆腐は1.5cm角に切る。湯2カップに塩小さじ1/2（分量外）を加え、中心まで温まる程度にゆでてザルに上げる。

⭐ Point 豆腐はゆでて水をきり、中まで温めます。塩を入れると水が出やすく味がつき、豆腐が締まります。

3 ひき肉を炒める

フライパンにごま油を温め、ひき肉を入れ、カリッとして油が透明になるまで（写真）中火でしっかりと炒める。1、豆板醤を加えて炒める。

⭐ Point ・ひき肉は油が出るほどしっかり炒めると、香ばしくなります。粗びき肉を使っても。
・辛みが苦手な人はここで豆板醤を炒めず、最後に加えると辛さが和らぎます。

4 調味料、豆腐を加える

香りが出たら A、2 を加え、中火で1～2分煮る。

❗ ラク Aの湯を最初に加えるようにすれば、あらかじめ混ぜておかなくても大丈夫です。テンメンジャンは入れたらよく溶かしましょう。

5 とろみをつける

火を止めて豆腐を端に寄せ、空いたところの煮汁を混ぜながら、よく混ぜた水溶き片栗粉を加える。

⭐ Point 水溶き片栗粉はよく混ぜ、火を止めて煮汁を混ぜながら加えるとダマになりません。まず7割ほど入れ、とろみの状態を見ながら徐々に足していきます（煮汁の蒸発量により加減し、必ずしも全量使うわけではない）。

6 仕上げる

全体を混ぜ、少しとろみがついたら中火にかける。優しく混ぜながらしっかり沸騰させてとろみをつける。器に盛りつけ、好みで花椒粉をふる。

⭐ Point しっかり沸騰させると、片栗粉の粉っぽさがなくなります。冷めるとかためになるのでここでは少しゆるくてもOK。

青椒肉絲
チ ン ジ ャ オ ロ ー ス

おいしい
コツ

肉と野菜を別々に炒めれば、
肉はやわらかく野菜はシャキッと！

🕐 **20** min 🔥 **311** kcal

材料（2人分）　>>> フライパン >>> **26** ㎝

牛もも肉（焼肉用）…150g
A 塩…小さじ1/4
　片栗粉…大さじ1/2
　酒…大さじ1
ピーマン… 4 個
ゆでたけのこ…50g
長ねぎ…5㎝
しょうが… 1 かけ

にんにく… 1 片
B（混ぜておく）
　オイスターソース
　　…大さじ1（18g）
　しょうゆ、酒…各大さじ1/2
　こしょう…少々
サラダ油…大さじ2

⭐
Point

・焼肉用の肉は厚みがあり、細切りにしてもボロボロになりにくく、切りやす
　いです。
・調味料や盛りつけ皿は炒める前に用意しておきましょう。

❓
ナゼ

・肉に下味と片栗粉をもみ込むと、やわらかく仕上がります。酒は臭み取りに
　なります。

おすすめ組み合わせ

 or

p.148　　　　p.140
春雨サラダ　　かぶの甘酢漬け

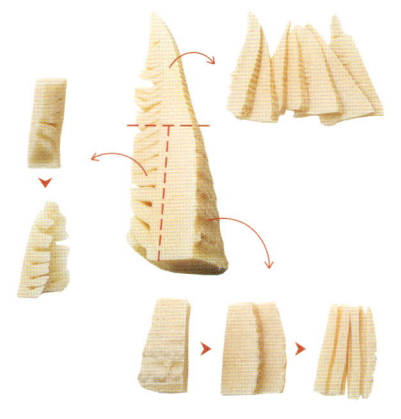

1 野菜を切る

ピーマンは半分に切って種を取り、縦に5mm幅の細切り、ゆでたけのこは穂先は薄切り、残りは細切りにする。ねぎ、しょうが、にんにくはみじん切りにする。

Point
・ピーマンは横切りにすると、繊維が断たれて口当たりがやわらかくなり、食べやすいです。お好みで。
・たけのこはパーツごとに分け、形状に合わせて切ります（写真）。

2 肉を切る

牛肉は4〜5cm長さ、5mm幅の細切りにし、**A**をもみ込む。

3 炒める

フライパンに油大さじ1を入れて温め、**2**を**中火**で炒める。肉の色が変わり、少し焦げ目がついたら取り出す。

? **ナゼ** 長く炒めていると肉がかたくなるので、一度取り出します。野菜を炒めるスペースも広く取れます。

4 香味野菜を炒める

残りの油を入れ、ねぎ、しょうが、にんにくを加えて**弱火**で炒める。

? **ナゼ** 焦げやすいので、冷たい油に入れて弱火で炒めましょう。

5 野菜を炒める

香りが出たら、ピーマン、たけのこを加え、**強火で1〜2分**炒める。

Point ピーマンがしんなりするほど長く炒めると、ベタついた炒め物になります。強火で一気に火を通し、シャキッとしている段階で味をつけはじめます。

6 肉を戻し調味する

3の肉を戻し入れ、**B**を加えて手早く混ぜる。

かんたん酢豚

おいしい
コツ　**少なめの油だから炒め揚げもかんたん**
肉はカリッと揚げて

🕐 **30** min　💧 **423** kcal

材料（2人分）　フライパン ⋙ **26** ㎝

豚もも肉（とんかつ用）
　… 2枚（200g）
A しょうゆ、酒…各小さじ1
　こしょう…少々
片栗粉…大さじ2
にんじん…1/3本
玉ねぎ…1/2個
しいたけ…4個
ピーマン…2個

B （混ぜておく）
　砂糖、しょうゆ
　　…各大さじ1/2
　ケチャップ…大さじ2（30g）
　酢…大さじ2
　片栗粉…小さじ1
　水…大さじ2
揚げ油…適量

おすすめ組み合わせ

p.149
豆もやしのナムル

⭐ ・肉は肩ロース、バラ肉の魂でもOK。
Point　・中国料理はつくりはじめたら短時間でできあがります。調味料、盛りつける皿
　　　などはつくりはじめる前に準備しておきましょう。

1 野菜を切る

にんじんは皮をむいて乱切りにする。玉ねぎは長さを半分にし、2cm幅のくし形に切る。しいたけは軸を取って2～3切れのそぎ切りに、ピーマンは種を取り縦2cm幅にし、斜め半分にする。

2 肉を下ごしらえする

豚肉は2cm角に切る。**A**をもみ込み、**10分**ほどおく。

3 野菜を油通しする

フライパンに油を1～2cm深さまで入れ、**160～170℃**に温める。**にんじんを入れて2～3分**揚げる。残りの野菜を加えて**揚げ**、**1分**ほどしたら一緒に取り出す。

> **Point**
> ・かたい野菜から入れると火が均等に入ります。
> ・野菜は炒めるより軽く揚げる（油通し）ほうが、短時間で火が入り加熱ムラがなく、焦げつきません。

4 肉を炒め揚げする

油を**180℃**にする。**2**に片栗粉をまぶして油に入れ、**3～4分**カリッと炒め揚げをして取り出す。

> **Point**
> 片栗粉をまぶして時間をおくとベチャッとしてしまうので、揚げる直前につけます。

5 あんをつくる

ペーパータオルでフライパンの油を拭き、**B**をよく混ぜて入れ、混ぜながら**中火**にかける。

> **Point**
> ・**B**の調味料は時間をおくと片栗粉が下に沈んでしまいます。直前に再度混ぜてから加えましょう。
> ・片栗粉は熱によってかたまるため、強火の熱いフライパンに入れると部分的にかたまりダマになります。中火にし、加えたらすぐに混ぜましょう。

6 肉、野菜を絡める

とろみがつき、泡が出てふつふつとしはじめたら（写真**5**）、**3**、**4**を加え、全体を絡める。

油淋鶏
（ユーリンチー）

おいしいコツ ▶ 少なめの油をスプーンでかけながら
カリッと揚げて

🕐 **25** min 💧 **413** kcal

材料（2人分） 🍳 フライパン ≫≫ **22** cm

鶏もも肉… 1枚（250〜300g）
A 塩… 小さじ1/4
　五香粉（あれば）
　　ウーシャンフェン
　　… 小さじ1/4
　酒… 小さじ2
片栗粉… 大さじ1と1/2
揚げ油… 大さじ4

香味だれ
　長ねぎ… 5cm
　しょうが… 1かけ
　砂糖… 小さじ1
　酢… 大さじ1
　しょうゆ… 大さじ1

つけ合わせ
　レタス… 2枚

Point
・五香粉は中国のミックススパイスで、シナモンや八角など5種類ほどが混合されています。いつもの唐揚げが中国風になります。
・香味だれは鶏肉だけでなく、豚肉や魚の揚げ物などにも使えます。

ラク
・油の量が少なく済むので、後片づけがかんたんです。

おすすめ組み合わせ

 or

p.44　　　　　　p.149
ゆで青菜　　大根とカリカリ
　　　　　　じゃこのサラダ

1 つけ合わせをつくる

つけ合わせのレタスはせん切りにし、冷水につけて水気をしっかりきる。

2 たれをつくる

長ねぎ、しょうがはみじん切りにする。ボウルに入れ、たれの調味料と混ぜる。

> ★ Point 長ねぎは青い部分も使うと、見た目にも鮮やかな香味だれができます。

3 鶏肉を下ごしらえする

鶏肉は余分な脂を取り（→p.182）、厚い部分は切り込みを入れる。バットに置き、Aで下味をつける。

> ? ナゼ 肉がやわらかくなり、火の通りがよくなります。

4 片栗粉をつける

片栗粉をたっぷり、しっかりつける。

> ★ Point 身と身の間までしっかりとつけ、手でなじませます。油淋鶏は衣のガリッと感もおいしいので、たっぷりつけます。

5 揚げる

フライパンに油を入れて中火にかける。180℃になったら鶏肉の皮を下にして入れ、スプーンで油をかけながら4～5分揚げる。裏返し同様に3～4分揚げる。取り出し、ペーパータオルに置いて油をきる。ひと口大に切り分けてレタスとともに器に盛りつけ、たれをかける。

> ★ Point 皮の中央に包丁の刃先を刺すように入れると切りやすいです。

COLUMN

油の後始末はどうする？

1 捨てる

油淋鶏のようなスパイスやカレー粉を使った揚げ油は香りが残っているため、捨てましょう（エスニック系の炒め物なら使ってもOK）。少量ならペーパータオルに吸わせてゴミ袋へ。量が多ければ、牛乳パックにちぎったペーパータオルや新聞紙を入れ、油を注いで吸わせて捨てます。

2 こして再び使う

天ぷらやフライのような衣を使った揚げ物は、揚げ油を繰り返し使うことができます。
粗熱が取れ、まだ温かいうちに油きり用のペーパータオルを使って揚げカスなどの汚れをこし、オイルポットなどに取り置いておきましょう。炒め油などにこまめに使い、臭いが強くなったり、古くなったら捨てましょう。

＊オイルポットは専用フィルターを使わない、網だけのシンプルなものがお手入れしやすく使いやすいです。

ビーフシチュー

おいしいコツ 炒めてから煮れば旨みが引き立つ
赤ワインを使って深いコクを

🕐 **80** min　💧 **846** kcal

材料（2人分）　鍋 >>> 18~20 ㎝ / フライパン >>> 26 ㎝

牛肉（シチュー用）…300g

A 塩…小さじ1/4
　こしょう…少々

小麦粉…大さじ1

赤ワイン…1/2カップ

水…2と1/2カップ

B スープの素…1個
　ローリエ…1枚

玉ねぎ…1個

にんじん…1/2本

じゃがいも…小2個

マッシュルーム…1/2パック

ブロッコリー…50g

オリーブ油…大さじ2

C ドミグラスソース…1/2缶
　ケチャップ…大さじ3（45g）
　しょうゆ…小さじ1

D バター…15g
　小麦粉…大さじ1と1/2

 Point
・じゃがいもは煮込んでも形の崩れにくいメークイン系が向いています。
・マッシュルームの代わりに、エリンギやしめじでも。
・残ったドミグラスソースは冷凍できます。

おすすめ組み合わせ

　or　

p.142
グリーンサラダ

p.149
大根とカリカリ
じゃこのサラダ

1 肉を焼く→煮る

肉は A をもみ込み、小麦粉をまぶす。鍋にオリーブ油大さじ1を入れ、肉の表面に焦げ目がつくまで焼く。赤ワインを加え、中火で3〜4分煮る。水を加え、沸騰したらアクを丁寧に取る。弱火にし、B を加える。少し開けて蓋をして30〜40分煮る。

> **？ナゼ** 肉に小麦粉をつけて焼くと表面に膜ができ、長く煮ても形が保てます。

2 野菜を切る

玉ねぎは2cm厚さのくし形、にんじんは皮をむいて3cm長さ、縦半分に切る。じゃがいもは皮をむいて芽を取り（→p.181）、半分に切る。マッシュルームは石突を取る。

3 炒める→煮る

フライパンに残りのオリーブ油を温め、2 の野菜を中火で炒める。全体に油が回ったら 1 に入れて強火にする。沸騰したらアクを取り、弱火で20分ほど煮る。

> **？ナゼ** 炒めることで油のコクが加わり、野菜が煮崩れしにくく旨みも増します。

> **★Point** 野菜は肉より火が入りやすいので、途中で加えます。にんじんに竹串がスーッと通るようになればOK。

4 ソースを加える

C を加え、ときどき鍋底から混ぜながらさらに弱火で10分ほど煮る。

> **★Point** ドミグラスソースを加えてからは焦げつきやすいので、ときどき鍋底から優しく混ぜます。

5 ブールマニエをのばす

D のバターは常温でクリーム状にやわらかくし、小麦粉と混ぜてペースト状にする（ブールマニエ）。4 の煮汁を大さじ2加え、よく混ぜる。なめらかになったら、さらに煮汁を大さじ2加えて混ぜる。

> **！ラク** シチューのとろみづけに、バターと小麦粉を混ぜたブールマニエを使います。炒めてつくるルーのように焦がす心配がなく、かんたんです。

6 とろみをつける

5 を 4 に戻し入れて優しく混ぜ、4〜5分煮て とろみをつける。【味見】する。ブロッコリーは小房に分け、ラップを軽くして電子レンジで1分ほど加熱する。シチューを器に盛りつけ、ブロッコリーを添える。

> **★Point** とろみがちょうどよいと思える濃度になるよう、煮詰めたり、水を加えて調整しましょう。冷めるととろみは強くなります。

ビーフステーキ

おいしいコツ 焼き時間と蒸らしが決め手
秒単位で計れば失敗せず、絶品のごちそうに

🕐 **15** min　💧 **624** kcal
常温におく時間を除く

材料（2人分）　フライパン >>> 26cm（入れば22cm）

牛肉（サーロイン、もも、ヒレ
　など厚みが1.5～2cmのもの）
　…1枚（約300g）
塩…小さじ1/2～2/3
こしょう…少々

バター（または牛脂）…10g
ソース
│赤ワイン…大さじ1
│しょうゆ…大さじ1/2
│砂糖、こしょう…各少々
つけ合わせ
│じゃがいも…大1個
│クレソン…4枝

⭐ **Point**　輸入肉などのかたい肉は、サラダ油大さじ1、赤ワイン大さじ1/2、野菜の切れ端（セロリの葉、パセリの茎、にんじんの皮、玉ねぎの切りくずなどから、あるもの）を合計ひと握り、ローリエ1枚に下ごしらえした肉を2時間ほどつけてマリネしておくと、香りもよくやわらかくなります。

COLUMN

1.5～2cm厚さの肉の焼き時間

レア：強火30秒→弱火1分、裏も同、ミディアム：強火1分→弱火2分、裏は強火1分→弱火1分半～2分半、ウェルダン：表面に汁が出るまで強、裏も同→弱2～3分

おすすめ組み合わせ

and

p.145
コールスロー
サラダ

p.177
クリーム
コーンスープ

1 肉を下ごしらえする

肉は白い筋と赤身、脂肪と赤身の境に包丁の先で切り込みを入れて筋切りする（→p.182）。厚い部分をたたき、厚みを整える。常温に30分ほどおく。

 繊維が断てれば、たたくのはグーでもOK。輸入肉などかための肉は、包丁の先で肉全体に小さい穴を開けて。

 冷蔵庫から出した直後の肉は中が冷たく、生焼けになります。

2 つけ合わせをつくる

じゃがいもはよく洗い、皮をつけたままラップで包み、電子レンジで3分ほど加熱する。竹串がスーッと通るか確認する。十字に切り込みを入れ、クレソンとともに器に盛りつける。

 肉を常温に戻す30分の間に作業するとスムーズです。

3 肉に調味する

焼く直前に肉に塩、こしょうする。

 塩をしてから時間が経つと、肉から肉汁とともに旨みが出てしまうので、味つけは直前にします。

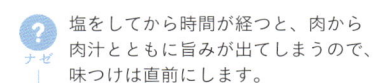 10cmくらいの高さから、指の間から少しずつ塩を落とすと全体にふりやすいです。

4 焼く（ミディアムレア）

フライパンを温め、バターを溶かす。肉の表側を下にして入れ強火で30秒ほど焼く。強めの弱火にし、さらに1分ほど焼く。裏返し強火で30秒ほど、強めの弱火で1〜2分焼く。

Point 表裏ともに、強火の加熱時間はおいしそうな焼き目がつくのを目安にしましょう。

5 蒸らす

取り出し、アルミホイルで肉を包んで3〜4分蒸らす。2cm幅に切り、2の器に盛りつける（左ページのできあがり写真は2人分）。

Point フライパンの上で蒸らそうとすると、火が入りすぎてしまいます。アルミで包んだら皿や木製品の上に置きましょう。すぐに切ると肉汁が出てしまうので、蒸らして肉汁が落ち着いてから盛りつけます。

6 ソースをつくる

フライパンの油を捨て、ソースの材料を入れて鍋底の旨みをこそげて混ぜる。沸騰したら火を止め、肉にかける。

Point 焼いた肉の旨みもソースにするため、拭き取らず、余分な油を捨てる程度にします。

コロッケ

おいしいコツ タネの牛乳と温かいうちの成形が形を崩さないポイント

🕐 **40** min 🔥 **667** kcal

材料（2人分） 鍋 ≫≫ 18~20 cm ／ フライパン ≫≫ 26 cm

じゃがいも … 3個（450g）
玉ねぎ … 1/4個
合いびき肉 … 100g
塩 … 小さじ1/3
こしょう … 少々
サラダ油 … 大さじ1/2
牛乳 … 大さじ2
小麦粉 … 大さじ1

卵水（混ぜておく）
　卵 … 1/2個
　水 … 大さじ1/2
パン粉 … 1/2カップ
揚げ油 … 適量
ソース（混ぜておく）
　中濃ソース … 大さじ1（18g）
　ケチャップ … 大さじ1（15g）
つけ合わせ
　ベビーリーフ … 1袋

おすすめ組み合わせ

 or

p.147
にんじんサラダ

p.149
大根とカリカリ
じゃこのサラダ

Point ひき肉は豚、牛、鶏、お好みのものでOKです。

1 じゃがいもをゆでる

じゃがいもはよく洗い、皮ごと鍋に入れてかぶるくらいの水を加え、竹串がスーッと通るまでゆでる。

 Point
- 皮ごとゆでると煮崩れしにくく、おいしさが逃げません。
- 丸ごとゆでるときは水から火にかけ、中までじっくり火を通します。
- 電子レンジでも加熱できますが、かたくなってつぶしにくいので、ゆでるか、蒸しましょう。

2 つぶす

温かいうちに皮をむき、木べらやマッシャーなどでつぶす。

 ラク
- じゃがいもは温かいうちならかんたんに皮が手でむけます。
- 温かいうちはつぶすのもかんたん。ポリ袋に入れ木べらなどで押すとあっという間につぶれます。

3 具を炒める

玉ねぎはみじん切りにする。フライパンに油を温め、玉ねぎを**中火**で炒める。透き通ってきたらひき肉を加え、ほぐすように炒める。**強火**にし、塩、こしょうして少し焦げ目がつき、水分がほとんどなくなるまで炒める。

 Point
肉はほぐれたら、水分を飛ばすように強火で炒めると、肉の香ばしさが増します。

4 タネをつくる

温かいうちに 2 、 3 、牛乳を合わせて混ぜ、 4 等分する。小判形に形を整える。

 Point
- タネが温かいうちはやわらかく、きれいな形にしやすいです。
- 牛乳の水分が加わり、しっとりと形がまとまります。

5 衣をつける

4 が冷めたら、小麦粉、卵水、パン粉の順に衣をつける。

 Point
- 衣はタネがしっかり冷めてからつけましょう。温かいと形が崩れやすくなります。
- 余分な小麦粉、卵水は落とし、パン粉はしっかり押さえてなじませると衣がはがれにくくなります。

6 揚げる

揚げ油をフライパンに2cm深さまで入れ、**180℃**に温める。 5 を入れ、ときどき油をかけながら 2 〜 3 分こんがりと揚げる。裏返し同様に揚げる。バットにペーパータオルを敷き、上に置いて油をきる。器に盛り、ソースをかけ、ベビーリーフを添える。

ラク
油はコロッケの半分の深さがあればOK。少ないと思ったら、スプーンで何度もかけましょう。

天ぷら

おいしいコツ 材料はすべて冷やし、衣をさっくり混ぜればサクサク食感に！

⏱ **35** min 💧 **449** kcal （天ぷら429kcal＋天つゆ20kcal）

材料（2人分）　フライパン >>> 26㎝

えび… 4 尾
かぼちゃ…2㎝（50g）
なす… 1 本
まいたけ…1/2パック
青じそ… 4 枚
衣
　小麦粉…1/3カップ
　溶き卵…1/2個分
　冷水…適量

揚げ油…適量
天つゆ
　だし…1/3カップ
　みりん…大さじ1
　しょうゆ…大さじ1

 Point
・小麦粉は薄力粉（あればお菓子用）を使い、さっくり軽い衣に仕上げましょう。
・揚げたてがおいしいので、ほかの準備が整ってから揚げはじめましょう。

おすすめ組み合わせ

p.44
ゆで青菜

1 衣を用意し、冷やす

小麦粉はみそこしなどでふるう。溶き卵は冷水と合わせて1/3カップにする。それぞれ**冷蔵庫で冷やす**。

 Point
- 材料を冷やすと、衣が粘らずサクッと揚がります。
- 衣は時間が経つと粘りが強くなるので、この段階ではまだ混ぜず、使う直前に合わせます。

2 野菜を切り、冷やす

かぼちゃは種を取り、1cm厚さのくし形に切る。なすは1cm厚さの斜め輪切りにし、水につけて水気を拭く。まいたけは小房に分ける。しそは洗って水気を拭き、軸を切りそろえる。すべて冷蔵庫で冷やす。

3 えびをむき、冷やす

えびは背ワタを取り、尾を残して殻をむく。剣先、尾の先を切って包丁で水気をしごき取る。腹に数箇所切り込みを入れ、背のほうに曲げて身を伸ばす（→p.185）。冷蔵庫で冷やす。

4 かぼちゃ、なすを揚げる

フライパンに2～3cm深さの油を用意し、**160～170℃**に温める。衣の材料をさっくりと合わせる（写真左）。かぼちゃ、なすの全面に薄く衣をつけて揚げる。

 Point
- さっくり合わせる程度にして混ぜすぎないようにすると、粘りが出ません。
- かぼちゃのほうが火が通りにくいので、先に入れて揚げます。

5 まいたけ、しそを揚げる

まいたけ、しそは裏面に衣をつけて揚げる。

 Point
- まいたけ、しそはさっくりした衣の歯ごたえを味わうため、衣は片面だけにします。
- 揚げた食材は、ペーパータオルを敷いたバットの縁に立てかけるように並べると、よく油がきれます。

6 えびを揚げる

揚げ油を**180℃**に温める。えびに衣をつけ、揚げる。天つゆの材料を鍋に入れ、ひと煮立ちさせ、添える。

 Point
食材を揚げると水分が抜けて軽くなるため、沈んでいた食材が浮き上がります。揚げはじめは大きかった泡が小さく細かくなり、音が徐々に高くなってきたら揚げ上がりの合図です。

寄せ鍋

おいしいコツ 肉、魚など具をたくさんそろえ
スープの旨みを味わって

🕐 **20** min　💧 **243** kcal

材料（4人分）

えび… 4 尾
たら… 2 切れ
鶏ぶつ切り肉…200g
白菜… 3〜4 枚
長ねぎ… 1 本
春菊… 1 袋
にんじん…4cm
しいたけ… 4 個

春雨…30g
A だし…1ℓ
　塩…小さじ1/2
　酒、みりん、しょうゆ
　…各大さじ2

⭐ **Point**
・寄せ鍋はいろいろな味を楽しむもの。肉、魚を最低1種類ずつ入
　れると旨みが合わさっておいしくなります。
・最後はごはんや、麺類を入れておいしい汁を食べきりましょう。

❗ **ラク**
・下ごしらえさえ済めば、食卓で調理しながら食べられる冬のお助
　け献立です。

おすすめ組み合わせ

p.47
野菜の浅漬け

1 野菜を切る

白菜は芯と葉を別々にし、芯は3cm角のそぎ切り、葉はざく切りにする。ねぎは5〜6cmの斜め切り、春菊は根元を切り、長さを半分にする。にんじんは輪切りにする。

 Point
・芯は幅の広い部分に切り込みを入れてそぎ切りにすると、大きさをそろえやすいです（写真）。
・にんじんを花などの型で抜くと華やかになります。

2 材料を準備する

しいたけは軸を取り、かさに鈍角のV字の切り込みを3本入れ、飾り切りにする。春雨は熱湯をかけて表示時間を目安に戻す。

 Point
あらかじめガイド線を3本入れて位置を決めてからV字の切り込みを入れると、バランスを取りやすいです。

3 魚介を下ごしらえする

背ワタ
剣先

えびは背ワタと剣先を取る。たらは1切れを2つにそぎ切りする。

? ナゼ
背ワタには砂などが入っているので、取り除きます。えびの背を軽く曲げ、節の裂け目に爪楊枝を刺し、ひも状のワタを引き抜きましょう（すでに取れている場合もあります）。

4 材料を盛る

すべての材料を大皿に盛る。

5 煮る

鍋にAのしょうゆ以外を入れて火にかける。沸騰したら鶏肉、にんじん、白菜の芯を入れる。

★ Point
野菜はかたいものから順に入れます。緑の野菜は火の入りが早く色も変わりやすいので、食べる直前、最後に加えます。

6 仕上げる

再び沸騰したらしょうゆ、ほかの材料を適量入れて煮る。【味見】する。煮上がったものから食べ、残りの材料を加えて繰り返す。

 Point
・アクはそのつど取りましょう。
・汁もいただくので薄味にし、ときどき味を見て、だしと塩またはしょうゆで調整しましょう。
・魚介類は加熱しすぎるとかたくなるので、火が通ったら早めに食べます。

基本の卵料理

だし巻き卵

 おいしい コツ 「弱めの中火」でふっくらと！
ペーパーの裏技で形もきれいに

🕐 **10** min　🔥 **244** kcal

卵… 3 個
A｜だし…大さじ 2
　｜砂糖…小さじ 1
　｜しょうゆ、塩…各少々
サラダ油…小さじ 1

卵の割り方

容器の縁やテーブルの
角など、角ばったとこ
ろで打つと殻のかけら
が中に入りやすいです。

1 平らなところに卵の側面を
優しく打ち、割れ目を入れ
る。

2 割れ目に両手の親指をかけ
る。

3 割れ目から殻を左右に開き、
中身を落とす。

＊殻はゴミのかさを減らすため
につぶして捨てます。殻に細
菌がついていることもあるの
で、手はきれいに洗いましょ
う。

卵の溶き方

1 箸を立て、ボウルの底に箸
先をつけて前後に動かし、
白身を切りほぐす。

＊泡立ちが少なく、コシのある
卵液になります。

2 しっかりした粘りのある白
身は、箸で持ち上げて切る。
白身の塊が残っていると、
仕上がりに色ムラができる
のでしっかり切っておく。

1 卵、卵焼き器を用意する

卵は白身を切るようにしっかりほぐし、**A** を加えて混ぜる。卵焼き器に油を入れて温め、ペーパータオルで拭いて**内側全面に薄く油を塗る**。卵液を菜箸でつけるとジューッという音がするまで温める。

⭐ Point 油が多いと卵の表面が凸凹になるので薄く塗ります。側面も忘れずに。

2 卵液を流す

弱めの中火にし、卵液をお玉1杯分流し、全体に広げる。

⭐ Point 弱火だと卵がかたまりにくいので、弱めの中火で一気に焼き、蒸気を飛ばしてふっくらと仕上げます。

3 巻く

表面が半乾きになったら向こう側から手前に向けて、3〜4つ折りにする。

⭐ Point ・盛り上がった泡を菜箸でつついてつぶしておくと、仕上がりの形がきれいです。
・手前端の卵を卵焼き器から菜箸ではがしておくと、スムーズに巻けます。

4 卵液を流す

卵焼き器の空いた部分に 1 のペーパータオルで油を塗る。巻いた卵を向こう側に寄せ、**手前にも油を塗る**。卵液を流し広げ、**卵を持ち上げて下にも卵液を流す**。

⭐ Point ・油は最初だけでなくつど塗って、はがれやすくしましょう。
・巻き終わった卵と卵液がしっかりとくっつき、はがれにくくなります。

5 繰り返す

菜箸で卵を横から持つか、菜箸の1本を巻き口の横から刺して（写真）、向こう側から手前に巻く。これを繰り返し、すべての卵液を焼く。

⭐ Point 最後はお玉1杯分の卵液が残るように、2〜3回目は量を加減して流しましょう。

6 形を整える

柄を逆手に持ち、ペーパータオルの上に取り出し、熱いうちに巻いて形を整える。粗熱が取れたら切り分ける。

⭐ Point 焼き上がりの形が多少崩れていても、温かいうちにペーパータオルや巻きすで巻くと、形が整います。

オムレツ

 おいしい コツ 左右の手で手早くかき混ぜて
憧れのふわふわ卵に！

🕐 **5** min 🔥 **326** kcal（全量）

材料（1個分）

フライパン ⋙ **22** cm

卵 … 3個
A 牛乳 … 大さじ2
｜ 塩、こしょう … 各少々
バター … 10g

 Point
・焼きはじめたらすぐにできるので、あらかじめ盛りつけの皿を用意してから焼きはじめましょう。
・ハム、きのこ、玉ねぎ、チーズ、トマトなどを小さく切って混ぜれば、いろいろなバリエーションが楽しめます。

1 卵は割りほぐし、**A** を加えて混ぜる。

2 フライパンを中温程度（手をかざしてみて、温かいと感じるくらい）に温め、バターを入れる。バターが溶けたら**中火**のまま卵液を一気に入れる。

3 左手はフライパンを前後にゆすり、菜箸は細かく混ぜる。

 Point
左右の手を使って早く混ぜるのが、半熟状にするコツです。火口につけたり、離したり**して**自分のペースに合った火加減に**します**。

4 半熟状になってきたら菜箸などで向こう側に寄せ集め、フライパンのカーブを利用して向こう側を少し折り返す。

 Point
・耐熱のゴムベラなら、菜箸よりも卵を寄せやすいです。
・少し折り返しておくことで、きれいな形にまとまります。

5 フライパンを逆手に持ち、器を左手で持ってフライパンを伏せるように盛りつける。

6 熱いうちにペーパータオルで形を整える。

 Point
多少形が崩れても、温かいうちにペーパータオルで形づく**れ**ば整います。

目玉焼き

おいしいコツ とろり、半熟、しっかりかため
焼き時間で好みの黄身に！

🕐 **5** min 🔥 **80** kcal

材料（1個分）

フライパン >>> **22** cm

卵…1個
塩、こしょう…各少々
サラダ油…少々

蒸し焼き（スチームドエッグ）

1分 >>> 黄身とろり

1分30秒 >>> 黄身半熟

1 フライパンに油を入れて**中火**で温め、**卵を割り入れる。**

⭐ **Point** 低い位置で割り入れると黄身が崩れません。慣れないうちは、小鉢に割ってフライパンに移しましょう。

2 塩、こしょうする。

片面焼き（サニーサイドアップ）

卵をフライパンに割り入れ、白身に塩、こしょうする（黄身にかかると斑点ができるので注意）。蓋をしないで弱火で5〜8分焼く。

3 水を大さじ1程度入れる。

⭐ **Point** 蒸し焼きにすることで、黄身に膜がかかったように白く仕上がります。

4 蓋をし、**1分〜1分30秒**加熱する。火を止め、そのまま**1分30秒〜2分**おき、取り出す。

⭐ **Point** 表記の加熱時間を目安に、お好みの半熟具合に仕上げましょう。

両面焼き（ターンオーバー）

卵をフライパンに割り入れ、塩、こしょうする。1分30秒ほど焼き、下面に焦げ目がついたら、裏返しさらに1分30秒ほど焼く。時間によって黄身は好みのかたさに。

ゆで卵

おいしいコツ　古い卵を使って冷水に取れば
気持ちよくツルンとむける

🕐 **10** min　🔥 **77** kcal（1個分）
常温におく時間を除く

材料　鍋 >>> **14** cm

卵…3個

＊何個ゆでても、沸騰してから
　のゆで時間は同じです。

5〜6分 >>> とろり

7〜8分 >>> 半熟

10〜12分 >>> かたゆで

1 鍋に卵とかぶるくらいの水を入
れて**10分**ほどおき、常温に戻
す。**中火**にかけ、黄身を中央に
したい場合は、沸騰まで卵を鍋
の中で転がす。

Point ★ 冷蔵庫から出したての卵を熱湯に
入れると急に温度が上がり、殻が
ひび割れて白身が出ることも。

2 沸騰したら5〜6分（とろり）、
7〜8分（半熟）、10〜12分
（かたゆで）を目安にゆでる。

3 ゆで上がったら、すぐに流水に
つけて冷ます。

4 殻全体にひびを入れ、殻をむく。

COLUMN

ツルンとむける！
ゆで卵のポイント

1 古い卵を使う
　古い卵のほうが殻と白身の間に空気
層ができているのでむきやすくなり
ます。

2 すぐ水に取る
　ゆで上がったらすぐ水に取ると、白
身のたんぱく質が縮んで殻との間に
空気層ができ、むきやすくなります。

3 水の中でむく
　水の中に入れたり、流水をかけなが
らむくと、ツルンとむけます。

しょうゆ卵

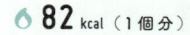 

🔥 **82** kcal（1個分）

ゆで卵3個をポリ袋に入れ、しょうゆ大
さじ1、みりん小さじ1を加えて口を結
ぶ。ときどき上下を返す。

＊ポリ袋を使うと調味料が少量で済み、
　きれいな形を保てます。

スクランブルエッグ

火から下ろすタイミングがポイント
用意した器にすぐ移して

⏱ **5** min 🔥 **249** kcal

材料（1人分）

フライパン ⋙ **22** cm

卵… 2 個
牛乳…大さじ 2
塩、こしょう…各少々
バター…10g

1 卵を割り、白身を切るように箸を前後に動かして溶きほぐす。

2 牛乳、塩、こしょうを加えて混ぜる。

3 フライパンにバターを温め、ほとんど溶けたら 2 を入れる。

4 縁がかたまりはじめたら、左手はフライパンを前後にゆすり、菜箸で全体をかき混ぜる。

5 トロリとかたまってきたら（写真）火口から外し、余熱で混ぜてフワフワ状にする。すぐ器に盛りつける。

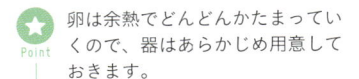

⭐ **Point** 卵は余熱でどんどんかたまっていくので、器はあらかじめ用意しておきます。

COLUMN

温泉卵 のつくり方

サラダ、牛丼などに落としてグレードアップ！

1 卵 2 個は冷蔵庫から出し、30分ほどおいて常温にする。保温性の高い鍋や魔法瓶、スープジャーなどに、80〜85℃の湯を卵がかぶるくらいの量入れる。

2 卵をそっと入れ、温度が70℃ほどになるのを確認する。蓋をし、67〜69℃を保ちながら20〜25分おく。

＊すぐ使わない場合は、水につけて余熱を取ります。

これさえあれば盛りつけに困らない！
5枚のおかず皿

① 平皿

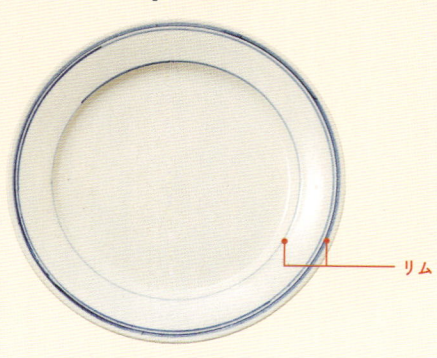

リム

22~24㎝（リムあり）
20㎝（リムなし）

洋食、和食のメインや、炒め物に。白や、シンプルな地模様のあるものが使いやすいです。

② 鉢・サラダボウル

18㎝

副菜（大）、サラダに。シンプルな白や黒だと、洋風、和風に使えます。

> サイズの近い皿を使っている主なページ

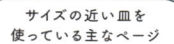 p.54〜メイン

 p.128〜副菜（大）　p.142〜サラダ類

使用例

肉野菜炒め

サーモンムニエル

野菜の焼きびたし

いかと里いもの煮物

さばのみそ煮

コロッケ

ラタトゥイユ

大根とカリカリじゃこのサラダ

「いろんなサイズの皿があるけれど、どれを買ったらいいの?」と悩む方のために、使い勝手のよい5枚の皿を紹介します。基本は白を選び、地模様のあるものや黒いもの、木製のものを加えると変化がつきます。

＊本書の料理写真は基本的に、ここで紹介するサイズの皿に盛っています。盛りつけや、できあがり量の参考にしてください。

③ 小鉢

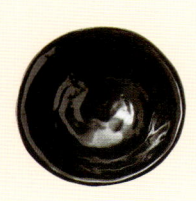

11～12cm

副菜（小）に。足つきなら食べるときに持ちやすいです。和の雰囲気にふっても。

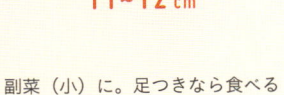

p.136〜副菜（小）

ゆで青菜

切り干し大根の煮物

たたききゅうり

かぶの甘酢漬け

④ カレー皿

22～24cm（リムあり）
20～21cm（リムなし）

カレー、パスタ、炒め物に。平皿より深みのあるものを選びます。

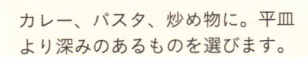

p.157〜ごはんものなど

カレーライス

ミートソース
スパゲテイ

青椒肉絲

⑤ どんぶり

15～17cm

どんぶり、うどん、そば、ラーメンに。白や黒なら、和にも中華にも使えて便利です。

p.162〜どんぶりもの

親子丼

かけうどん

おかず皿の組み合わせ例

前ページで紹介した5枚のおかず皿に、茶碗と汁椀をそろえて、
毎日の献立をつくった場合の組み合わせを見てみましょう。

① = 平皿
② = 鉢・サラダボウル
③ = 小鉢
④ = カレー皿
⑤ = どんぶり
→p.122

一汁二菜の
健康和食

①平皿に和のメイン「さばのみそ
煮」、②鉢に副菜（大）「野菜の焼
きびたし」を盛って、健康的な一
汁二菜の献立に。③小鉢で副菜
（小）を足せば、一汁三菜にも。

サラダたっぷり
洋食

①平皿に洋のメイン「コロッケ」、
②サラダボウルに「にんじんサラ
ダ」を盛って、野菜を摂れる洋食
の献立に。

大皿と取り皿があれば さらにバリエ広がる

5枚のおかず皿にプラスするなら、大皿と取り皿がおすすめ。おもてなしや普段の食卓にも使えます。

大皿 >>> 大きめのサラダボウル、メインを盛るスクエア型、前菜やサラダを盛る長皿など。食卓の顔になるので、木製やガラス、黒などを取り入れると華やかに。

取り皿 >>> 15〜16cmサイズ。ほかの皿や料理に合わせやすいよう、白や黒のシンプルなものを。

休日の パスタランチ

④カレー皿に「ミートソーススパゲティ」、②サラダボウルに「大根とカリカリじゃこのサラダ」を盛って、お休みの日のパスタランチに。

栄養GOOD! どんぶり定食

⑤どんぶりに「親子丼」、③小鉢に「ゆで青菜」を盛って、栄養バランスのよいどんぶり定食に。

おいしい盛りつけ方

料理は見た目も味のうち。ちょっとしたコツで、
料理がグッとおいしく見えます。

盛りすぎ！

全部見えるかな？

あちこちに色を置いて

盛りすぎない

皿の余白を活かしたほうがおいしく見えます。できた料理が皿に対して多かったら、全部盛らずに残しましょう。残りは、朝食や弁当に。

食材はすべて見せる

複数の食材を使った炒め物や煮物などは、すべての食材が見えるように盛りましょう。見た目も華やかになります。

彩りをバランスよく散らす

同じ色をかためて盛るのではなく、散らすことで見栄えがよくなります。赤、緑、黄色などの華やかな色は特に意識して。

とろ〜り！ツヤツヤ

こんもり！

ささっと

煮汁は最後にかけてツヤを

乾いた料理より、ツヤ感のある料理のほうがおいしく見えます。たれや煮汁のあるものは、最後にかけてツヤを出しましょう。

立体的に盛る

酢の物、和え物、おひたしなどは、こんもり立体的に盛りましょう。形を整えてから器に移すと、器の中が汚れません。

皿の汚れは取る

基本的なことですが、実践できていない方も多いのでは。食べる人と料理への愛情と思って、さっとひと拭きしておきましょう。

4

味わいに変化を生む
副菜サブ

食卓に彩りを添え、味や食感に変化を加えてくれる
副菜、サラダ類を紹介します。

それぞれに、こくうま味・さっぱり味のものを
掲載しています。和食の副菜を2品つくる場合は、
（大）と（小）から1品ずつ、
違う味で組み合わせるのがおすすめです（→p.12）。

野菜の焼きびたし

おいしいコツ 温かいうちにつければ
じんわり味が染み込む

⏱ **15** min 　🔥 **164** kcal 　こくうま 　さっぱり
つけ時間を除く

材料（2人分）

フライパン ≫≫ **26**cm

かぼちゃ…100g
長ねぎ…1/2本
ピーマン…2個
まいたけ…1/2パック
なす…1本
サラダ油
　…大さじ1と1/2

つけ汁（混ぜておく）
　だし…大さじ2
　みりん…大さじ1/2
　しょうゆ…大さじ1

Point
・具はズッキーニ、パプリ
　カ、玉ねぎ、エリンギ、
　にんじん、さつまいもな
　どの野菜でもおいしい。
・つけ汁の量が少ないよう
　ですが、野菜から水が出
　ます。裏返したり位置を
　変えて全体に味をつけま
　しょう。

1 野菜を切る

かぼちゃは種を取り、長さを半分に
して1cm厚さ、ねぎは4cm長さに切
る。ピーマンは半分に切って種を取
り、2cm幅に切る。まいたけは小房
に分ける。なすはヘタを取り、皮を
縞目にむいて1.5cm厚さに切る。

ラク なすは最後に切ってすぐに焼けば、
水につけてアク抜きしなくても大丈
夫です。焼くまでに時間が空くなら
ば水につけておきましょう。

2 焼く

フライパンに油大さじ1/2を温め、
かぼちゃ、ねぎ、なすを焼き色がつ
くまで中火で焼く。裏返し、油大さ
じ1/2を回し入れて蓋をし2〜3分、
かぼちゃに竹串がスーッと通るまで
焼く。つけ汁に温かいうちにつける。

Point
・火が通りにくい野菜を先に並べ、
　蓋をして蒸し焼きにします。
・野菜が温かいうちにつけると、味
　がよく染みます。

3 つける

2のフライパンに油大さじ1/2を入
れ、ピーマンとまいたけを焼く。両
面こんがりしたらつけ汁につける。
【味見】する。ときどき上下を返し
て15分以上つける。

Point 味見は2回。つける前に染み込んで
大丈夫な味かを確認し、つけた後に
も、味の染み具合を確認します。染
み具合はなすを食べてみるとわかり
やすいです。

いかと里いもの煮物

おいしいコツ　いかを先に煮て
旨みを里いもに染み込ませて

🕐 **40** min　🔥 **138** kcal　こくうま　さっぱり

材料（2〜3人分）

鍋 >>> **18〜20** cm

いか… 1 ぱい
里いも… 5 個（300g）
しょうが… 1 かけ
A 砂糖…大さじ1/2
　酒…大さじ 2
　みりん…大さじ 1
　しょうゆ…大さじ 1
だし… 1 カップ

⭐ Point

・色白に仕上げたいときは、いかの皮をむきましょう。
・里いもの上下を切ると持ちやすいです。
・ぬめりがあると味の染み込みが悪く、できあがりもヌルヌルになります。塩を使うとぬめりがよく取れます。
・いかは煮すぎるとかたくなるので、煮る時間は短めにします。

1 いかは洗ってさばき、中を洗って水気を取る（→p.184）。

2 胴は1.5cm幅に切る。足は 1 本ずつに切り分け、長い足は半分に切る。

3 里いもは上下を切り落とし、皮をむく。大きいものは 2 〜 4 つに切る。塩小さじ1/2（分量外）をふってもみ、洗ってぬめりを取る。しょうがは皮をこそげ、薄切りにする。

4 鍋に A 、しょうがを入れて火にかける。沸騰したらいかを入れて中火で 2 〜 3 分煮る。いかを取り出す。

5 4 の鍋にだし、里いもを入れ、落し蓋をして中火で15分ほど煮る。【味見】する。いかを戻し入れて混ぜ、 2 〜 3 分煮る。

かぼちゃの煮物

おいしいコツ　皮をところどころむけば、
よく味が染み込む

🕐 **30** min　🔥 **72** kcal　こくうま　さっぱり

材料（2〜3人分）

鍋 >>> **18〜20** cm

かぼちゃ…1/6個（200g）
A だし… 1 カップ
　砂糖… 小さじ 1
　みりん… 大さじ 1
　しょうゆ… 小さじ 2

⭐ Point

・皮をむくと味がよく染みます。包丁の刃元を使って削りましょう（→p.180）。
・皮を下にして鍋に入れると煮崩れしにくくなります。実を下にすると、かぼちゃそのものの重さで崩れやすくなります。

 面取りはピーラーを使うと簡単です（→p.180）。

1 かぼちゃは種とワタを取り、3cm角に切る。ところどころ皮をむき、煮崩れさせたくないときは、面取りする。

2 鍋に皮を下にして入れ、A を加えて中火にかける。沸騰したらアクを取り、強めの弱火で落し蓋をして15分ほど煮る。

高野豆腐の含め煮

おいしいコツ 本格だしでつくれば
じんわり旨みがあふれる

🕐 **30** min　🔥 **155** kcal　こくうま　さっぱり

材料（2人分）

鍋 ≫≫ **18〜20** ㎝

高野豆腐… 2枚
しいたけ… 2個
絹さや… 6枚
A だし… 1と1/2カップ
　砂糖、みりん
　　…各大さじ1と1/2
　塩…小さじ1/3
　しょうゆ…大さじ1/2

⭐ **Point** 高野豆腐がだしをよく吸うので、昆布とけずりがつおのおいしいだしでつくりましょう（→p.28）。

1 高野豆腐を戻す

高野豆腐は水かぬるま湯に**30秒**ほどつけて戻し、手で挟んで水気をしっかりきる。1枚を4等分する。

⭐ **Point** 高野豆腐は表示に従った方法で戻しましょう。戻さず使えるものでも、戻したほうが切り分けやすいです。

2 野菜を切る

しいたけは軸を取り、飾り切りにする（→p.115）。絹さやは筋を取り、先を切りそろえる。

⭐ **Point** 筋が残っていると、食べたときに口に残るので取っておきます。

3 煮る

鍋に**A**を入れて**中火**にかけ、沸騰したら高野豆腐を重ねないように入れる。しいたけを加え、落し蓋をして、少しずらして蓋をし、**弱火で15〜20分**煮る。【味見】する。絹さやを加え、**1分**ほど煮たら火を止める。

⭐ **Point** 最近の高野豆腐はやわらかく煮上がる加工がしてあります。煮崩れしやすいので重ねず、最初から塩分の入った煮汁で煮崩れを抑えます。

材料（2〜3人分）

たこ（生食用）
　…1本（70g）
わかめ（塩蔵）…10g
きゅうり…1本
塩…小さじ1/4
みょうが…1個
A（混ぜておく）
　砂糖…大さじ1/2
　酢…大さじ1と1/2
　しょうゆ…小さじ1/2

Point
・たこが加わるとボリュームが出て副菜（大）になります。代わりにゆでえびやいか、かにかまでも。
・塩蔵わかめを水につけすぎると、やわらかくなりすぎるので注意して。
・きゅうりは塩をして水分を出しておくと、甘酢が水っぽくなりません。

1 わかめは洗って塩を落とし、水に**5分**ほどつけて戻す。水気をしぼり、**3cm**長さに切る。

2 きゅうりは小口切りにし、塩をふって**5分**ほどおき、水気をしぼる。みょうがはせん切りにし、水にさらして水気をきる。

3 たこはひと口大のそぎ切りにする。

4 **1**〜**3**を器に盛り、**A**をかける。

たことわかめの酢の物

おいしいコツ きゅうりに塩をしてしぼれば甘酢が水っぽくならない

🕐 **15** min　🔥 **37** kcal　こくうま　さっぱり

材料（2〜3人分）

なす…3本
しょうが…1かけ
けずりがつお…少々
しょうゆ…小さじ2

Point
・真っ黒に焦げても皮だけなので、怖がらずに焼きましょう。身がやわらかくなったらOK。
・熱いのでさっと水に通し、表面の熱を取って皮をむきます。
・つけたままだと水っぽくなるため、水にはさっと通すだけにし、指を水で冷やし、ヘタを持ちながらむきましょう。
・竹串を皮と実の間に入れて皮を浮かせると、熱くてもむきやすいです。

1 なすはヘタに一周浅く切り込みを入れ、花びら状のガクをむき取る。グリルか焼き網で皮が黒く焦げるまで**強火で8〜10分**焼く。途中で返しながら、全体を焼く。

2 さっと水に通して取り出し、熱いうちに皮をむく。ヘタを片手で押さえ、竹串をヘタ近くに刺して縦に裂く。

3 ヘタを切り落とし、器に盛りつける。しょうがの皮をこそげてすりおろし、けずりがつおとともに添える。しょうゆをかける。

焼きなす

おいしいコツ 強火で真っ黒に焼けば中はやわらかくジューシーに

🕐 **20** min　🔥 **19** kcal　こくうま　さっぱり

茶碗蒸し

おいしいコツ なめらかに仕上げるコツは
①こす②鍋にペーパー③仕上げの弱火！

🕐 **30** min　🔥 **72** kcal　こくうま　さっぱり

材料（2人分）　鍋 ≫≫ 18~20㎝

卵… 1 個
A だし…180㎖
　塩…小さじ1/6
　しょうゆ…小さじ1/2
ささみ…1/2本
塩、酒…各少々
かまぼこ…2㎝
しいたけ… 1 個
三つ葉… 2 本

Point
・具は干ししいたけ、ぎんなん、えびなどでも。
・ひとつの大きな器でつくっても楽しめます。

COLUMN

蒸し器がなくてもOK

蒸し器がなくても、鍋と
蓋があれば蒸せます。蓋
をふきんやペーパータオ
ルで包むと水滴が落ちず、
水っぽくなりません。

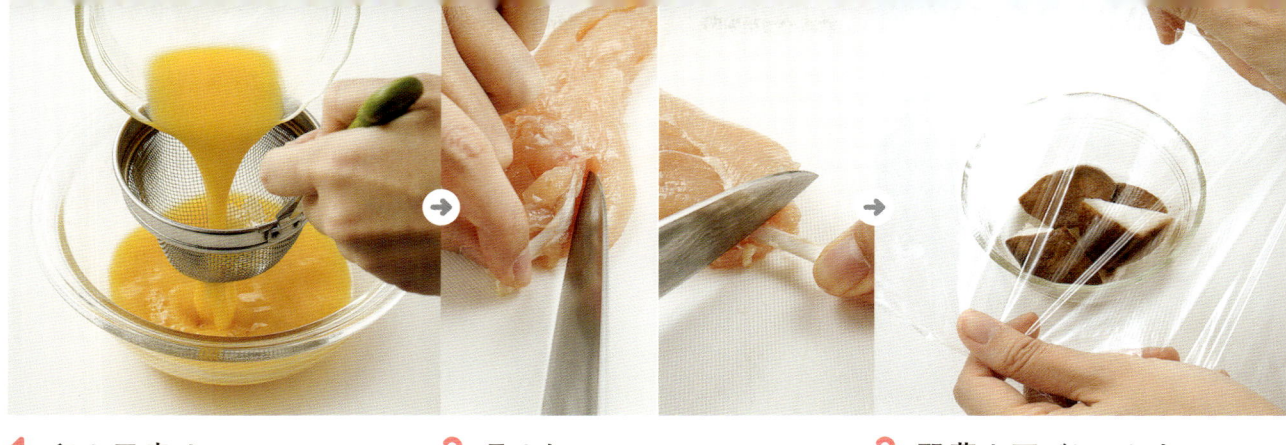

1 卵を用意する

卵は白身を切るように溶きほぐす。Aを加えて混ぜ、こす。

- ・菜箸をボウルの底につけて卵を混ぜると、泡立ちが少ないです。
- ・卵液をこすとなめらかな仕上がりになります。

2 具を切る

ささみは筋を取り（→p.182）、4切れのそぎ切りにする。塩、酒を混ぜる。かまぼこは1cm厚さに切り、いちょう切りにする。

3 野菜を下ごしらえする

しいたけは軸を取り、4つにそぎ切りにする。耐熱容器にだし大さじ1、塩少々（ともに分量外）を混ぜ、しいたけを加えラップをして電子レンジで30〜40秒加熱する。三つ葉は葉を摘み、軸は2cm長さに切る。

4 具と卵液を入れる

器に三つ葉の葉以外の具を入れ、1を静かに注ぐ。器ごとトントンと軽く落とし、中の空気を抜く。表面の泡をスプーンで取る。

泡を取って表面をきれいに仕上げます。

5 蒸す

鍋に器の1/3深さの湯を沸かす。沸騰したらペーパータオルを2枚敷き、4の器をのせる。ふきんで包んだ蓋をして強めの中火で3〜4分蒸す。

ペーパータオルを敷くと熱がやわらかく当たり、ス（空気の穴）が入りにくくなめらかに仕上がります。

最初は強めの中火で表面をかためます。何度も開けるとかたまらないのでじっと我慢。

6 仕上げる

蓋を取って表面が白くなっているのを確認したら（写真）弱火にし、少しずらして蓋をして8〜10分蒸す。火を止め、三つ葉の葉をのせて1分ほど蒸らす。

中火のままだとスが入るので、弱火でゆっくり火を通します。ぴったり蓋をすると温度が上がってしまうので蒸気の抜け道をつくります。

冷やっこいろいろ

 おいしいコツ しっかり味の具と香りのある具を組み合わせ、手軽にたんぱく質をプラス！

材料（2人分）

豆腐（木綿または絹）…1/2丁
好みの具…適量

1 豆腐は半分に切り、表面の水気をペーパータオルで拭き、器に盛りつける。

2 好みの具をのせる。

⭐ **Point** 時間が経つと豆腐から水分が出て水っぽくなるので、食べる直前に具を盛りましょう。

基本のねぎおかか①

🕐 **5** min　🔥 **65** kcal　こくうま　さっぱり

しょうが（おろす）…1/2かけ分
万能ねぎ（小口切り）…1本分
けずりがつお…ひとつまみ
しょうゆ…小さじ2

しらすチーズ②

🕐 **5** min　🔥 **99** kcal　こくうま　さっぱり

しらす干し…大さじ1
貝割れ大根（3cm長さ）
　…1/6パック
塩、こしょう…各少々
オリーブ油…大さじ1/2
レモン汁…1/8個分
レモン（いちょう切り）
　…2枚
粉チーズ…小さじ1

COLUMN

豆腐でささっと一品プラス

冷やっこは筑前煮やあじの南蛮漬けなど、たんぱく質のおかずが足りないときに、かんたんにつくれるお助けメニュー。量によって、副菜（大）にも（小）にもなります。
味が淡泊なのでいろいろな味とマッチし、和風だけでなく、洋風、韓国風、中国風のバリエーションを覚えておくとほかのおかずに合わせやすく便利です。
残った豆腐は水につけ、毎日水を換えれば2〜3日持ちます。

ごまキムチ

🕐 **5** min 🔥 **85** kcal

こくうま　さっぱり

キムチ（ひと口大）…30g
長ねぎ（白髪ねぎ）…3cm分
ごま油…小さじ1
しょうゆ…小さじ1

明太マヨ

🕐 **5** min 🔥 **80** kcal

こくうま　さっぱり

わかめ（塩蔵、戻して2cm長さに）…5g
明太子…15g
マヨネーズ…小さじ1（4g）
万能ねぎ（小口切り）…1本分

ザーサイ納豆

🕐 **5** min 🔥 **84** kcal

こくうま　さっぱり

納豆…1/2パック
ザーサイ（せん切り）…15g
長ねぎ（小口切り）…5cm分
のり（ちぎる）…1/8枚分
しょうゆ…小さじ2

きんぴらごぼう

おいしいコツ 切り方、火加減を変えれば
好みの歯ごたえにできる

🕐 **20** min　🔥 **60** kcal　こくうま　さっぱり

材料（3～4人分）

鍋 >>> **18～20** ㎝

ごぼう … 1本（150g）
にんじん … 1/4本（40g）
赤唐辛子 … 1/2本
A（混ぜておく）
　砂糖 … 大さじ1
　しょうゆ … 大さじ1
　だし … 大さじ2
ごま油 … 小さじ2
いりごま … 小さじ1

 Point
・やわらかいきんぴらにし
たければ、炒め煮の際に
弱火にしたり、だしを多
くして加熱時間を長めに
しましょう。
・歯ごたえのよいかための
きんぴらにする場合は、
ごぼうを4㎝長さに切り、
繊維に平行に細めのせん
切りにします。

1 ごぼうを切る

ごぼうは皮をこそげ、5㎝長さ、3mm
厚さの斜め薄切りにし、さらに3mm
幅の細切りにする。切ったものから
水につけ、最後のごぼうを水につけ
たら1～2分でザルに上げて水気を
しっかりきる。

 Point 水につけると切り口の変色を抑えら
れますが、栄養成分も溶け出してし
まいます。きんぴらは色の濃い料理
なので、さっとつければOKです。

2 にんじんを切る

にんじんはごぼうより細めの細切り
にする。唐辛子は種を取り、水につ
ける。やわらかくなったら小口切り
にする。

Point にんじんは赤く目立つので、ごぼう
より少し細めに切ると、大きさがそ
ろってきれいに見えます。

3 炒め煮する

鍋にごま油を入れて温め、ごぼうを
強火で炒める。少ししんなりしたら
にんじんを加え、全体に油が回った
ら中火にし、唐辛子、Aを加える。
ときどき混ぜながら煮汁がほとんど
なくなるまで炒め煮する。【味見】
する。器に盛りつけ、ごまをふる。

 Point にんじんはごぼうよりやわらかく火
が入りやすいので、後から加えて炒
めます。

ひじきの煮物

おいしい コツ 油で炒めてから煮ると、
コクが出て食感も楽しめる

材料（3〜4人分）

鍋 >>> 18〜20㎝

ひじき（芽ひじき）…20g
にんじん…1/4本
さつま揚げ…2枚
ゆで大豆…50g
A だし…3/4カップ
　砂糖…大さじ1
　みりん、しょうゆ
　　…各大さじ1と1/2
ごま油…大さじ1

⭐ Point
・ひじきには芽ひじきと長ひじきがあります。長ひじきを使う場合は、戻し時間を少し長めにし、つめで切れる程度に戻し、ざく切りにして食べやすい長さにします。

芽ひじき

長ひじき

・さつま揚げの代わりに、油揚げやちくわ、かまぼこなどでも。

⏱ **30** min　🔥 **108** kcal
戻し時間を除く

こくうま　さっぱり

 →  →

1 具を用意する

ひじきはたっぷりの水に**20〜30分**つけて戻す。ザルに取り、流水をかけてさっと洗う。水気をしっかりきる。にんじんは3㎝長さの細切り、さつま揚げは長さを半分にし、5㎜厚さに切る。

 ひじきは戻ると8〜9倍に増えます。大きめのボウルで戻しましょう。

2 炒める

鍋にごま油を温め、**ひじきとにんじんを強火で2分**ほど炒める。全体に油が回ったらさつま揚げ、大豆、**A**を加える。

⭐ Point ひじきとにんじんを油で炒めてから煮ると、やわらかくなりすぎずコクが出ます。

3 煮る

アクを取り、落し蓋をして**弱火で20分**ほど、煮汁が少なくなるまで煮る。途中、1〜2度混ぜ、【味見】する。

 たっぷりめのレシピなので、小分けにして冷凍すれば常備菜として役立ちます。

小松菜と油揚げの煮びたし

おいしいコツ だしでさっと煮て色よく仕上げて

⏱ **10** min 🔥 **59** kcal　こくうま　さっぱり

材料（2人分）

鍋 >>> **14** cm

小松菜…1/2袋
油揚げ…1/2枚
A だし…1/4カップ
　みりん、しょうゆ
　…各大さじ1/2

 Point
・青菜はチンゲンサイ、水菜、春菊などでも。
・油揚げの代わりに、ちくわ、厚揚げなどの練り物、たっぷりのけずりがつおでも。

? ナゼ 油揚げに湯をかけると、油臭さが取れ、味の染み込みもよくなります。しっかり冷めてから切りましょう。

1 小松菜は根元を切り、4cm長さに切る。油揚げは熱湯をかけて油抜きする。冷めたら、3cm長さの短冊切りにする。

2 鍋に A を入れて中火にかける。沸騰したら油揚げ、小松菜の軸、軸の色が変わったら葉を入れて混ぜ、煮汁が少なくなるまで1～2分煮る。【味見】する。

切り干し大根の煮物

おいしいコツ 油で炒め、こっくりした煮物に

⏱ **30** min 🔥 **98** kcal　こくうま　さっぱり
戻し時間を除く

材料（3～4人分）

鍋 >>> **18~20** cm

切り干し大根…30g
にんじん…30g
しいたけ… 2 個
油揚げ… 1 枚
A だし＋戻し汁
　… 1 カップ
　砂糖…大さじ1
　酒…大さじ1
　しょうゆ…大さじ1
サラダ油…大さじ1/2

 Point
・切り干し大根はサラダや漬け物にも使えます。
・切り干し大根の戻し汁は旨みや甘みがあるので、煮汁として使えます。

1 切り干し大根は水でさっと洗い、水 1 と1/2カップに10～15分つけて戻す。大根の汁気をしぼり、長いものは4～5cm長さのざく切りにする。戻し汁はこしてだしを加え 1 カップにする。

2 にんじんはせん切りにする。しいたけは軸を取り薄切り、油揚げは熱湯をかけて油抜きする。冷めたら3～4cm長さの細切りにする。

3 鍋に油を入れて温め、大根、にんじんを加えて中火で 1 ～ 2 分炒める。しいたけ、油揚げを加えてひと混ぜしたら、A を加える。

4 落し蓋と蓋をして中火で15～20分、途中で 1 ～ 2 度混ぜながら煮る。【味見】する。

たたききゅうり

ごま油の香りとラー油の辛みがアクセント
たたいた食感も楽しんで

⏱ **15** min　🔥 **22** kcal　こくうま　さっぱり

漬け時間を除く

材料（3〜4人分）

きゅうり…2本
塩…小さじ1/2
しょうが…1かけ
漬け汁
酢…大さじ1
砂糖、しょうゆ、ごま油
…各小さじ1
ラー油…少々

⭐ **Point**　ラー油の代わりに赤唐辛子
1/4〜1/2本または豆板醤
小さじ1/4でも。

1 きゅうりをたたく

きゅうりは両端を切り、まな板に置いて麺棒などで軽くたたくか、包丁の腹で押して割れ目をつくる。3〜4cm長さの棒状に分ける。

⭐ **Point**　たたくと凸凹の断面から味が染み込みやすくなります。力が強すぎるときゅうりが飛び散って粉々になるため、優しくたたきましょう。

2 水分を出す

塩をして10分ほどおき、水気をしぼる。しょうがは皮をこそげ、薄切りにする。

❓ **ナゼ**　塩で水分を出し、漬け汁を染み込みやすくします。

3 漬ける

漬け汁の材料を合わせ、きゅうりとしょうがを15分以上漬ける。

❗ **ラク**　Aをポリ袋に入れてつくれば、洗い物が少なく保存もラク。袋の口をギュッと締めて空気を抜くとよく漬かります。

かぶの甘酢漬け

おいしいコツ 甘酢をよく染み込ませる秘訣は
2回に分けて使う「塩」

🕐 **15** min 🔥 **15** kcal ｜ こくうま ｜ さっぱり ｜
漬け時間を除く

材料（3〜4人分）

かぶ… 2 個
塩…小さじ1/3
赤唐辛子…1/4本
A 砂糖…大さじ1/2
　｜ 酢…大さじ2
　｜ 塩…小さじ1/4

 Point かぶは薄く切ると、塩をしたときに水分が出てカサがぐっと減ります。少し厚めに切ることで食べごたえが出ます。

 ナゼ 最初の塩は調味だけの塩ではなく、水分を出すための塩。漬け汁が染み込みやすくなります。

1 かぶは皮をむき、1cm幅のくし形に切る。塩をして10分ほどおき、水気をきる。

2 赤唐辛子は種を取り、水につけ、やわらかくなったら小口切りにする。

3 A を合わせ、1、2 を入れて15分以上漬ける。ときどき混ぜる。

れんこんの梅肉和え

おいしいコツ 酢水でゆでて
シャキシャキの食感に！

🕐 **10** min 🔥 **23** kcal ｜ こくうま ｜ さっぱり ｜

材料（3〜4人分）

鍋 >>> **14** cm

れんこん…小 1 節（150g）
塩…小さじ1/2
酢…小さじ1
A 梅干し… 1 個（20g）
　｜ 砂糖…小さじ1/2
　｜ しょうゆ…少々
　｜ だし…大さじ1

 Point ・梅干しは商品によって味がさまざまです。砂糖は味を見て増減してください。

 ナゼ ・れんこんは切り口から色が変わってしまうので、酢水にさらしましょう。
・酢水でゆでると白く、歯切れがよくシャキシャキにゆで上がります。

1 れんこんは皮をむき、2〜3mm厚さのいちょう切りか半月切りにする。酢水（水1カップに酢小さじ1程度、分量外）につけてザルに取る。

2 梅干しは種を取り、包丁でたたいてペースト状にする。ほかの A と混ぜる。

3 鍋に湯2カップを沸騰させ、塩、酢、れんこんを入れる。れんこんが透き通ってきたらザルに取って水気をきる。温かいうちに 2 と混ぜる。

ゆで野菜いろいろ

おいしい コツ シンプルな料理はゆで加減と
塩加減でワンランク上のおいしさに

ゆで枝豆

材料（2人分）

鍋 >>> 18~20 cm

枝豆…1袋（200g）
水…1ℓ
塩（粗塩）…小さじ1

★ Point
・房の両端を切ると塩がよく染みます。
・かたさを見ながらゆでます。余熱で火が入るため、少しかためでもOK。

1 枝豆は房の両端をハサミで切る。さっと洗って水気をきり、塩大さじ1（分量外）をまぶしてもむ。

2 鍋に分量の水を入れて沸かし、塩がついたまま枝豆を入れ、中火で3～5分ゆでる。

3 ザルに取り、熱いうちに塩を混ぜて冷ます。

⏱ 10 min 🔥 134 kcal（全量） こくうま さっぱり

ゆでとうもろこし

材料（2人分）

鍋 >>> 18~20 cm

とうもろこし…1本
水…2カップ程度
塩…小さじ1

★ Point
収穫直後がいちばん甘くおいしいので、入手後すぐにゆでましょう。

! ラク
皮一枚残してラップで包み、電子レンジで5分ほど加熱してもOK。

1 とうもろこしはゆでる直前に皮をむく。

2 鍋にとうもろこしがかぶるくらいの水を入れて沸かし、塩、とうもろこしを加えて中火で4～5分ゆでる。途中、上下を返して全面をゆでる。

3 ザルに上げて冷ます。

⏱ 10 min 🔥 139 kcal（1本） こくうま さっぱり

じゃがバター

材料（2人分）

鍋 >>> 14 cm（入れば）

じゃがいも…2個
水…2カップ程度
塩…小さじ1
バター…10g
塩…少々

★ Point
皮ごとゆでると煮崩れしにくく、おいしさが逃げません。

! ラク
ラップでふんわり包み、電子レンジで1個3～4分を目安に加熱しても。

1 じゃがいもは皮をよく洗い、芽は取る。

2 鍋にいも、かぶるくらいの水、塩小さじ1を入れて中火にかける。沸騰したら沸騰が続く火加減に弱め、15～20分ゆでる。竹串を刺してスーッと通ったらザルに上げる。

3 十字に切り込みを入れ、塩少々をふりバターをのせる。

⏱ 20 min 🔥 147 kcal（1個） こくうま さっぱり

グリーンサラダ

おいしいコツ しっかり水きりすると
ドレッシングが絡んでおいしい！

⏱ **10** min 🔥 **34** kcal（野菜のみ）

材料（2人分）

グリーンリーフ、レタス、
　サニーレタスなど… 3枚
きゅうり…1/2本
貝割れ大根…1/2パック
好みのドレッシング…適量

1 レタス類はひと口大に**ちぎる**。
芯はかたいので、裂く。

? ナゼ レタスは包丁で切ると切り口が変
色するので、手でちぎります。

3 冷水に**5分**ほどつける。

★ Point 冷水につけると、野菜が水を含み、
シャキッとして歯触りがよくなり
ます。

2 きゅうりはヘタの近くの濃い緑
色の皮を4cm程度むく。5mm厚
さの小口切りにする。貝割れ大
根は根元を切り、長さを半分に
切る。

4 ザルとボウルを合わせて上下に
ふり、**よく水気をきって**器に盛
りつけ、ドレッシングをかける。

★ Point 水分が残っているとドレッシング
が絡みにくく、水っぽくなります。
一緒にペーパータオルを入れてふ
ると、さらによく水をきれます。

COLUMN

サラダスピナーで
シャキッとサラダ

サラダスピナーがあるとしっかり水
気をきれます。数百円から買えるの
で、サラダ好きなら要チェック。

ぐるぐる回すと…

水がたっぷりきれる！

手づくりドレッシングいろいろ

酢・塩分・油を順に混ぜるだけ！
ちょい足しで絶品バリエを広げて

油

酢

> 保存ビンに「油」「酢」の
> 線を書いておくと、
> 毎回はかる手間なし！
> たっぷりつくってつくりおきにも。

基本のフレンチドレッシング

353 kcal

こくうま
さっぱり

酢…大さじ3／塩…小さじ1/2／こしょう…少々／サラダ油（またはオリーブ油）…大さじ3〜6

酢、塩、こしょうを混ぜながら、徐々に油を加えて混ぜる。かける直前に再度混ぜる。

和風ドレッシング

365 kcal

こくうま
さっぱり

酢…大さじ3／しょうゆ…大さじ1／こしょう…少々／サラダ油…大さじ3〜6

酢、しょうゆ、こしょうを混ぜながら、徐々に油を加えて混ぜる。

中華ドレッシング

360 kcal

こくうま
さっぱり

酢…大さじ3／塩…小さじ1/4／しょうゆ…大さじ1/2／こしょう…少々／サラダ油…大さじ2〜4／ごま油…大さじ1〜2

酢、塩、しょうゆ、こしょうを混ぜながら、徐々に油を加えて混ぜる。

サウザンドアイランドドレッシング

193 kcal

こくうま
さっぱり

玉ねぎ（みじん切り）…大さじ1（約15g）／ケイパーまたはピクルス（みじん切り）…大さじ1/2（約10g）／マヨネーズ…大さじ2（25g）／ケチャップ…大さじ1/2（8g）／レモン汁…大さじ1/2／こしょう…少々／塩…少々

塩以外のすべての材料を混ぜる。塩は最後に味を見て加える。

ごまドレッシング

464 kcal

こくうま
さっぱり

練りごま…大さじ2（30g）／砂糖…大さじ1／しょうゆ…大さじ1／酢…大さじ2／サラダ油…大さじ2

練りごまを混ぜてなめらかにし、砂糖を加えてよく混ぜる。しょうゆ、酢、油の順に徐々に加えながら混ぜる。

＊順番通りに混ぜると、練りごまが分離しません。練りごまがかたいときは、電子レンジで少し温めましょう。

COLUMN

ドレッシングのバリエを広げよう！

・酢・油・塩分の組み合わせでドレッシングができます。
・酢：油＝1：1〜2が目安。このレシピは米酢の分量ですが、穀物酢やワインビネガーは酸味が強いので、砂糖少々を加えるとマイルドになります。

ちょい足しでバリエ！

フレンチ、和風、中華ドレッシングにちょっと香り食材を加えるだけでマンネリを防げます。

フレンチ >>> 粒マスタード、練がらし、にんにく、パセリ、バジル

和風 >>> ゆずこしょう、わさび、七味唐辛子、しょうが

中華 >>> ラー油、豆板醤、にんにく、ねぎ

ラタトゥイユ

おいしいコツ 水分を極力使わず
素材の旨みをギュッと凝縮

⏱ **30** min 　🔥 **200** kcal 　こくうま 　さっぱり

材料（2人分）

鍋 ≫≫ **18〜20** ㎝

なす… 1 本
ズッキーニ…1／2本
パプリカ（赤・黄）
　…各1／2個
玉ねぎ…1／2個
にんにく… 1 片
トマト缶…1／2缶
A スープの素…小さじ 1
　塩…小さじ1／4
　ワイン（または酒）
　　…大さじ 2
　こしょう…少々
　ローリエ… 1 枚
オリーブ油…大さじ 2

Point
・トマト缶はカットとホールがあり、さっぱりめとコクありの違いがあります。ホールを使うときは、入れたら木べらなどでつぶします。
・ラタトゥイユはパスタやパンに合わせたり、肉のソースやつけ合わせにも。

1 野菜を切る

なす、ズッキーニはヘタを取り、1.5㎝厚さの輪切りにする。なすは**2〜3分**水にさらして、水気をきる。パプリカは種を取り、玉ねぎとともに長さ半分の2㎝幅に切る。にんにくは皮をむき、包丁の腹で押しつぶす。

？ ナゼ
水にさらしておくと、切り口の変色を防げます。切ってすぐ炒めるなら、水につけなくてもOK。

2 炒める

鍋にオリーブ油、にんにくを入れて**中火**にかける。香りが出てきたら、玉ねぎ、ズッキーニ、パプリカを加え、**全体に油が回ったらなすを加えて炒める**。

？ ナゼ
なすを最初に入れると油をすべて吸ってしまい、ほかの野菜に油が回りにくいので、後から加えます。

3 煮る

なすに油が回ったらトマト、**A** を加え、蓋をして**弱火で15〜20分**、煮汁が少なくなるまで煮る。【味見】し、途中ときどき混ぜる。

Point
・塩を加えると野菜から水が出るので、加える水分は少量のワインだけ。野菜の旨みが凝縮されます。
・あれば、**A** と一緒にローズマリーやタイムなどを1枝加えると香りがより豊かになります。

マカロニサラダ

マカロニに下味をつけると
水っぽくならずしっかりマヨ味に

🕐 **20** min 🔥 **278** kcal こくうま さっぱり

材料（2人分）

鍋 ⟫⟫ **14**cm

マカロニ…50g
A 塩…小さじ1/8
　酢…小さじ1
　こしょう…少々
　オリーブ油…小さじ2
玉ねぎ…1/6個
きゅうり…1本
塩…小さじ1/4
ハム…2枚
マヨネーズ
　…大さじ2と1/2（30g）
練がらし（好みで）
　…小さじ1

★ Point
・マカロニの穴に水が残らないよう、よくきります。
・塩をした野菜はしぼりすぎず、食感を残します。マカロニが水を吸って水っぽくなりません。
・にんじん、コーン、アスパラを混ぜても。

1 マカロニは湯500mℓに塩小さじ1（分量外）を加え、製品の表示時間を目安にゆでる。ゆで上がったらザルに上げて、流水で冷まし、水気をよくきる。ボウルに入れ、A を混ぜる。

2 玉ねぎは薄切りにし、長さを半分にする。塩少々（分量外）をふってもむ。きゅうりは2〜3mm厚さの小口切りにする。塩をして混ぜ、**5分**ほどおく。それぞれ水気を軽くしぼる。

3 ハムは3cm長さ、1cm幅の短冊切りにする。**2** とともに **1** に加えて混ぜる。

4 マヨネーズ、からしを加えて混ぜる。【味見】する。

コールスローサラダ

塩で水分を出し
心地よい歯触りを残して

🕐 **20** min 🔥 **114** kcal こくうま さっぱり

材料（2人分）

キャベツ…200g
にんじん…20g
玉ねぎ…1/6個
塩…小さじ1/3
ホールコーン…大さじ2
A マヨネーズ
　　…大さじ1（12g）
　酢…大さじ1
　塩、こしょう…各少々
　サラダ油…大さじ1

? ナゼ
・最初の塩には水分を出し、後の調味料が染みやすくなる効果があります。

★ Point
・野菜の歯ごたえを残すため、水分は軽くしぼる程度にします。
・きゅうり、ハム、りんごなどのせん切りを入れても。

1 キャベツは4〜5cm長さの細切り、にんじんはせん切り、玉ねぎは薄切りにする。ボウルに入れて塩を混ぜ、**10分**ほどおく。両手で挟んで軽く水分をしぼる。

2 大きめのボウルに A を混ぜ、**1**、コーンを加えて混ぜる。

ポテトサラダ

おいしいコツ 酢と塩は熱いうち、マヨは冷めてから
2回の調味でヘルシーでもしっかり味に

🕑 **25** min 　 🔥 **238** kcal 　 こくうま 　 さっぱり

材料（2人分）

鍋 >>> **14**cm

じゃがいも… 2 個
にんじん…1/4本（40g）
玉ねぎ…1/6個
きゅうり…1/2本
A 酢…大さじ1/2
　 塩…小さじ1/4
B マヨネーズ
　　…大さじ3（約35g）
　 こしょう…少々

Point
・やわらかい男爵系のじゃがいもが向いています。
・じゃがいもが熱いうちに下味をつけ、冷めてからマヨネーズを加えるとしっかり味がつき、マヨネーズを入れすぎることがなくヘルシーです。
・ハム、ゆで卵、コーン、りんごなどを混ぜても。

1 下ごしらえする

じゃがいもは皮をむき芽を取って（→p.181）、2cm角に切る。水にさらして、水気をきる。にんじんは皮をむき、縦半分（太ければ4等分）に切る。玉ねぎは薄切り、きゅうりは小口切りにする。それぞれ塩少々（分量外）してもみ、水気をしぼる。

ラク にんじんは大きいままにしておくと、じゃがいもと同じ鍋でゆでられ、取り出すときもかんたんです。

2 粉ふきいもをつくる

鍋にじゃがいも、にんじん、かぶるくらいの水を入れ、蓋をして**10分**ほど、じゃがいもにスーッと竹串が通るまで**中火**でゆでる。にんじんを取り出し、中のじゃがいもが出ないように蓋で押さえてゆで汁を捨てる。再び**中火**にかけ、蓋を取って鍋ごとゆすって水分を飛ばし、じゃがいもの周りが粉っぽくなるまで（写真右）焦がさないように火にかける。

3 混ぜる

火から下ろし、熱いうちに木べらなどでつぶす。**A**を混ぜ、冷まして粗熱を取る。にんじんは3mm厚さのいちょう切りにする。つぶしたいもに玉ねぎ、きゅうりとともに加え、**B**を入れて混ぜる。【味見】する。

ラク マヨネーズは大さじではかるとスプーンに残った分をぬぐう手間があります。重さをはかって加えるほうがかんたんです（写真）。

ジャーマンポテト

おいしいコツ じゃがいもはレンジでチンして
外はカリッと、中ほっくり

材料（2〜3人分）

フライパン >>> 26㎝

じゃがいも … 2個
玉ねぎ … 1/4個
ベーコン（あれば厚切り）
　… 60g
塩 … 小さじ1/3
こしょう … 少々
パセリ … 1/2枝
オリーブ油
　… 大さじ1と1/2

Point
・ベーコンは薄切りだとバラバラになりやすいので、厚めがおすすめです。
・じゃがいもの皮は好みでむいても0K。
・フライパンをゆすって焼き、じゃがいもがカリッとしてきたら焼く面を変えましょう。
・コーンを加えると子ども向きに。

1 じゃがいもはよく洗って芽を取り（→p.181）、皮ごと2㎝幅のくし形に切る。水に2〜3分つけ、ザルに上げる。耐熱皿に置き、ラップをふんわりして電子レンジで2〜3分加熱する。

2 玉ねぎは5㎜厚さの薄切りに、ベーコンは7㎜幅に切る。パセリは葉を摘み、手でちぎる。

3 フライパンにオリーブ油を温め、ベーコンを**中火**で炒める。油が出てこんがりしたら取り出す。

4 玉ねぎ、じゃがいもを入れ、**3**の油でじゃがいもの周りがカリッとなるまで、**中火**で焼くように炒める。

5 ベーコンを戻し入れ、塩、こしょうをふってひと混ぜする。器に盛りつけてパセリをふる。

⏱ **20** min 🔥 **219** kcal　こくうま　さっぱり

にんじんサラダ

おいしいコツ 塩もみで水分を出すと
マリネ液がよく染みる

材料（2人分）

にんじん … 1本（150g）
玉ねぎ … 1/4個
塩 … 小さじ1/6
レーズン … 大さじ2（20g）
りんご … 1/4個
A 酢 … 大さじ2
　砂糖 … 小さじ1
　塩 … 小さじ1/4
　こしょう … 少々
　サラダ油 … 大さじ2

Point
・酢の半量をレモン汁に代えると、レモン風味のさわやかなサラダになります。りんごは塩水ではなくレモン汁をかけても、色が変わるのを防げます。
・スライスアーモンドやピーナツなどを混ぜても。

1 にんじんは皮をむいて4㎝長さの細切り、玉ねぎは薄切りにする。ボウルに入れて塩をして10分おき、水気をしぼる。レーズンはさっと洗い、ひたひたの水につけ、水気をきる。りんごは皮をむき、4㎝長さの細切りにする。水1カップに塩ひとつまみ（分量外）の塩水につけて、水気をきる。

2 別のボウルにAを合わせて混ぜ、にんじん、玉ねぎ、レーズンを混ぜる。りんごを加えて軽く混ぜ、15分以上おく。

！ ラク にんじんはスライサーを使うと手早くきれいに細切りできます。

？ ナゼ 塩をすると食材から水分が出て、入れ替わるようにマリネ液が染み込みやすくなります。

★ Point りんごは崩れやすいので、最後に加えて優しく混ぜます。

⏱ **20** min 🔥 **185** kcal　こくうま　さっぱり
つけ時間を除く

春雨サラダ

おいしいコツ 春雨に先に調味料を吸わせ、しっかり味を入れて

⏱ **20** min 🔥 **176** kcal　こくうま　**さっぱり**
戻し時間を除く

材料（2人分）

鍋 >>> 18~20 ㎝

緑豆春雨…40g
きくらげ（乾）…2g
にんじん…30g
きゅうり…1/2本
ハム… 2枚
A 酢…大さじ2
　 しょうゆ…大さじ1
　 こしょう…少々
　 砂糖…少々
　 ごま油…大さじ1

 Point
・春雨はふつうの春雨と緑豆春雨があります。緑豆春雨を使うと、伸びにくくシャキッとした歯触りになります。
・ゆでた春雨は冷蔵するとバサバサになってしまいます。できるだけ当日中に食べきり、もしバサバサになったら30秒を目安に電子レンジで温めましょう。

1 具を切る

きくらげは**20分**ほど水につけて戻す。石突を取りせん切りにする。にんじんは4㎝長さの斜め薄切りにしてからせん切りにする。きゅうりも同様に切る。ハムは4㎝長さのせん切りにする。

 Point
具を春雨に近い形に切ることで、見た目に美しく食べやすくなります。

2 ゆでる

鍋に湯を沸かし、きくらげとにんじんをみそこしなどに入れてつけ、1分ほどゆでてみそこしごと取り出す。同じ湯に春雨を入れ、表示時間を目安にゆでる。ザルに上げ、水で洗う。水気をきり、ざく切りにする。

 ラク
同じ湯でゆでられてラク。みそこしやザルを使えばさっと取り出せます。

 Point
春雨は製品によって戻し方がいろいろです。表示通りに戻して。

3 混ぜる

ボウルに**A**を合わせて混ぜる。春雨を入れてほぐし、野菜、きくらげ、ハムを加えて混ぜる。

 Point
春雨を先に入れてしっかり調味料を吸わせると、よく味が入ります。

大根とカリカリ じゃこのサラダ

 おいしいコツ しょうゆと油をひと煮立ちさせ香ばしく

材料（2人分）

フライパン ⋙ **22**cm

- 大根…200g（4cm）
- 貝割れ大根…1/2パック
- ちりめんじゃこ
  …大さじ2（15g）
- オリーブ油
  …大さじ1と1/2
- しょうゆ…小さじ2
- 酢…大さじ1と1/2
- こしょう…少々

 Point
- ちりめんじゃこは冷凍できます。すぐに常温に戻るので常備しておくと便利です。
- レタス、水菜、キャベツなど、サラダとして食べられる野菜ならOK。

1 大根は皮をむき、細切りにする。水にさらして水気をきる。貝割れは根元を切り、長さを半分に切る。混ぜて器に盛りつける。

2 フライパンにオリーブ油を入れて温め、ちりめんじゃこをカリッとするまで中火で炒める。1にトッピングする。

3 残った油にしょうゆを加えて中火にかけ、ひと煮立ちしたら火を止める。酢、こしょうを混ぜ、2にかける。

！ラク
- スライサーを使えば、かんたんに細切りできます。

Point
- 大根は水にさらすと、シャキッとして臭いも取れます。ドレッシングが薄まらないよう、しっかり水をきりましょう。
- しょうゆをひと煮立ちさせると香ばしくなります。

🕐 **20** min　🔥 **106** kcal　こくうま　さっぱり

豆もやしのナムル

 おいしいコツ ひげ根を取ると抜群のおいしさに

材料（2〜3人分）

鍋 ⋙ **18〜20**cm

- 豆もやし…1袋（200g）
- A すりごま
  …大さじ1（6g）
  - ごま油…大さじ1/2
  - こしょう…少々
  - にんにく（すりおろし）
  …1/6〜1/3片分
  - 塩…小さじ1/6

 Point
- 豆もやしは大豆がついている分、エネルギーやたんぱく質、食物繊維などの栄養価が普通のもやしに比べて高めです。
- もやしは50℃の湯（水：熱湯＝1：1で混ぜる）に2分ほどつけると臭みが消え、日持ちもよくなります。
- 生のにんにくはお好みによって入れなくてもOK。
- 一味唐辛子を加えても。

1 豆もやしはできればひげ根を取り、洗う。

2 鍋に1、水2カップ、塩小さじ1（分量外）を入れ、蓋をして中火にかける。沸騰したら5〜6分蒸し煮し、ザルに取る。

3 もやしの粗熱が取れたらボウルに入れ、Aを加えてしっかり混ぜる。

Point
- もやしのひげ根は、取ると臭みが取れ抜群においしくなります。
- ふつうのもやしを使う場合は湯1ℓに塩小さじ1を入れ、30秒ほどゆでましょう。
- 水っぽくなるので、水に取って冷ますことはしません。

🕐 **10** min　🔥 **60** kcal　こくうま　さっぱり
ひげ根を取ると**20** min

あの大失敗、何がダメだったの？

「レシピ通りつくったのに上手にできなかった！」
その原因は何だったのでしょうか。先生に聞いてみましょう。

CASE 1

気づいたら、
煮物が焦げちゃい
ました……。

**A　鍋の口径や火加減に
問題があったのかも。**

　レシピ通りの煮込み時間で煮物が焦げていた場合、次のような理由が考えられます。
①鍋の口径が大きい
　口径が大きければその分、蒸発する水分量も多いので、鍋の中の水分が足りなくなり焦げることがあります。

②火が強い
　火加減はレシピ通りでしたか？　p.26も参考にしてください。
③鍋底から混ぜていない
　「ときどき混ぜる」と書いてあるレシピは、木べらやお玉などで鍋底から混ぜるようにしましょう。
　大切なのは鍋をほったらかしにせず、ときどき蓋を開けて様子を見ること。お料理のご機嫌を伺いながら調理してみてくださいね。

CASE 2

時間通り
レンジ加熱したけど、
中まで火が通って
いませんでした。

**A　電子レンジのワット数に
合わせて加熱しましょう。**

　食材によって、水分量などの状態も違います。時間はあくまで目安なので、控えめから加熱し、様子を見てプラスしていきましょう。
　また、お使いの電子レンジのワット数も確認してみてください。本書のレシピは600Wを基準にしているので、ご家庭の電子レンジが500Wの場合は1.2倍、700Wの場合は0.8倍の時間で加熱しましょう（右図参照）。電子レンジの機種によっても火の入り方は違うので、様子を見ながら加熱してくださいね。

ワット数ごとの加熱時間の目安（600W基準）	500W	600W	700W
	40秒	30秒	20秒
	1分10秒	1分	50秒
	1分50秒	1分30秒	1分10秒
	2分20秒	2分	1分40秒
	3分	2分30秒	2分
	3分40秒	3分	2分20秒
	4分50秒	4分	3分10秒
	6分	5分	4分

CASE 3

揚げ物が苦手です。
中が生だったり、
油ハネもすごいの
ですが……。

**A　一度に入れすぎない、水分を
拭くなどポイントを押さえましょう。**

■中が生のときは
　レシピ通りに揚げても生だったなら、途中で油の温度が下がってしまったのかも。食材を入れれば温度は下がるので、一度に入れる食材は油の表面の1/2〜2/3までを目安にします。火加減もまめに見て、油の温度が下がっていないか確認しながら揚げましょう。

■油ハネの予防
　油ハネは食材についた水分が原因なので、よく拭いておきましょう。また、えびの尾やししとうなど袋状のものは、中の空気が膨張して破裂することがあるため、包丁で切って空気の逃げ道をつくっておきます（→p.61、185）。
　ある程度の油ハネは避けられません。汚れたらすぐに古布などで拭き取るクセをつけましょう。

CASE 4

酢を使ったサラダを
つくりましたが、
かなり酸っぱくなって
しまいました。

A　米酢を使ってみましょう。

　穀物酢をお使いではないですか？　酢を買うとき、何気なく価格の低い商品を手にしているなら、きっとそれは穀物酢です。少しお値段は上がりますが、本書は米酢を使った分量を記載しています。米酢は酸味が優しくコ

クもあるので、料理がおいしく仕上がりますよ。
　穀物酢を使う場合、量を控えめにするか、砂糖少々を加えると酸味がマイルドになります。

毎日の炊飯・汁物から
麺類まで

ごはん・麺・汁物

白いごはんやみそ汁は、毎日に食べるものだからこそ
おいしくつくりたいですよね。
本書の通りつくってみるだけで、
食卓がグッとグレードアップするはずです。
休日のランチには、
食べ慣れていてもつくったことはないような
麺類やどんぶりにチャレンジしてみるのもおすすめです。

ごはん

おいしいコツ 最初の水をすぐに捨てれば
ぬか臭さのないふっくらごはん

⏱ **40~45** min 🔥 **269** kcal
浸水時間を除く

米…米用カップ2 *（300g）
水…360mℓ

＊米用カップ1＝180mℓ
　　　　　　＝米150g
　　　　　　＝1合

COLUMN

無洗米のときは

米150g
無洗米用 ＝ ふつう米用

無洗米とは、ふつうの精米より
さらに削ってぬかを取った米。
その分小粒なので、ふつうの米
より計量カップに多く入ります。

1 やや小さめの無洗米用カップではかって、
ふつう米と同じ水加減で炊く

2 1カップ＝150gとして重さで分量をは
かり、ふつう米と同じ水加減で炊く

3 炊飯器に無洗米モードや水加減の目盛り
がある場合、説明書通りにはかって炊く

1 米は米用の計量カップにすりき
りではかる。

2 ボウルに水をたっぷり入れ、米
を加えてひと混ぜする。

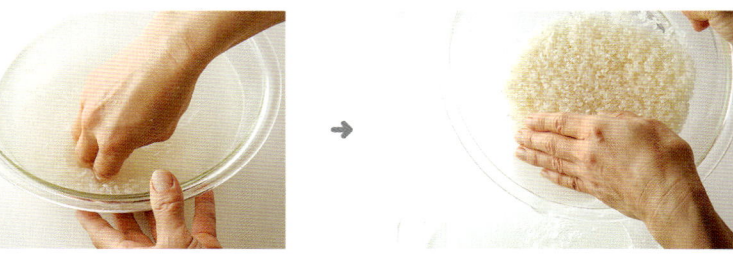

3 すぐに水を捨てる。

> ⭐**Point** 米は乾物。最初の水をすぐに吸い
> 込みます。最初の水にはぬかや汚
> れが多いため、素早く捨てましょ
> う。ボウルに水をためておき、米
> を一気に入れると手早く捨てられ
> ます。ザルで受けておくと安心。

4 手を軽く握りながら掌で米を押
す。指先で集めるを繰り返し、
20~30回手早く研ぐ。水を加
えてひと混ぜして捨てる。3回
ほど水を換え、水がにごらなく
なればザルに上げ水気をきる。

5 炊飯器に米と分量の水を入れる。

> ⭐**Point**
> ・ザルのまま置いておくと米が乾
> 燥して割れやすくなるので、炊
> 飯器に入れて水加減します。
> ・新米は水分が多いので、1割ほ
> ど控えめに水加減します。

6 **30分以上**おいてから炊く。炊
き上がったらすぐ、しゃもじで
上下を返して切るように混ぜる。

> ⭐**Point** 時間が経つとごはんがかたまって
> しまいます。

材料（2人分）

米…米用カップ1/2
水…米用カップ3と1/2
梅干し…1個
けずりがつお…1g
しょうゆ…少々

Point
・吹きこぼれやすいため、大きめの鍋でつくりましょう。土鍋など厚めの鍋だと上手につくれます。
・焦げつかないよう、鍋底の米をはがします。混ぜると粘りが出てべっとりしたおかゆになるので、混ぜないように。

1 米を研ぎ、ザルに上げて水気をきる。

2 大きめの鍋に1と分量の水を入れ、蓋をして30分以上つける。

3 中火にかけ、沸騰したら鍋底についた米をしゃもじなどでそっとはがす（かき混ぜない）。とろ火にして30〜40分炊く。途中、吹きこぼれそうになったら蓋をずらして蒸気を逃がし、再び蓋をして炊く。火を止め、10分ほどそのまま蒸らす。

4 梅干しは種を取ってたたいてペースト状にし、けずりがつお、しょうゆを混ぜる。おかゆに添える。

白がゆ（七分がゆ）

おいしいコツ 吹きこぼれに注意！たまに蒸気を逃がしながらとろ火で

🕐 **50** min 🔥 **139** kcal
浸水時間を除く

材料（2人分）

米…米用カップ1/2
水…米用カップ2と1/2
中華スープの素
　…小さじ2
長ねぎ…6cm
しょうが…1/2かけ
ザーサイ（あれば）…15g
シャンツァイ（あれば）
　…2〜3本
ごま油…適宜
しょうゆ…適宜

Point
・中華スープの素を入れると、グッと中華がゆの味になります。
・あればザーサイ、シャンツァイを入れるといいアクセントに。

1 米を研ぎ、ザルに上げて水気をきる。大きめの鍋に米と分量の水を入れ、30分以上つける。

2 スープの素を混ぜ、蓋をして中火にかける。沸騰したら鍋底についた米をそっとはがす（かき混ぜない）。とろ火にして30〜40分炊く。途中、吹きこぼれそうになったら蓋をずらして蒸気を逃がし、再び蓋をして炊く。火を止め、10分ほどそのまま蒸らす。

3 しょうがは皮をこそげ、ねぎ、ザーサイとともに3cm長さのせん切りにする。シャンツァイは1〜2cm長さに切る。

4 2を器に盛り、ごま油、しょうゆを好みでかけ、3を添える。

中華がゆ（全がゆ）

おいしいコツ 中華スープの素2さじでかんたん中華がゆに

🕐 **50** min 🔥 **160** kcal
浸水時間を除く

COLUMN

おかゆの種類

水の量によって、おかゆの種類は異なります。水の割合が多くなるほど、やわらかいおかゆになります。お好みのやわらかさでどうぞ。

米：水＝

全がゆ	七分がゆ	五分がゆ	三分がゆ
1：5	1：7	1：10	1：15

ごはんからおかゆもつくれる！

炊いたごはんからおかゆをつくることもできます。さっと洗ったごはん1に対し、水を5倍加え、鍋で弱火にかけゆっくり加熱します。

おにぎり（鮭＆梅おかか）

おいしいコツ：手に薄く塩をして握り、ひと口目から塩味を利かせて

🕐 15 min 💧 梅干し **300** kcal（1個分）　鮭 **345** kcal（1個分）

材料（4個分）

ごはん
　…650〜700g
　（米2カップ分）
塩鮭…1/2切れ
梅干し…1個
けずりがつお
　…ひとつまみ
しょうゆ…少々
焼きのり（横長に4等分）
　…全型1枚
塩（小皿に入れる）
　…小さじ1ほど
水（ボウルに入れる）
　…適量

⭐Point 具はお好みで。たらこ、明太子、筋子、つくだ煮、ゆかり、ふりかけ、高菜、唐揚げ、天ぷらなどでも。

1 ごはんに具を入れる

ごはんは4等分する。鮭は焼いて皮や骨を取ってほぐし、2等分する。梅干しは種を取り、けずりがつおはしょうゆを混ぜて2等分する。茶碗を水に通し、水気をよくきる。1個分の半分のごはんを入れ、鮭を中心に入れる（飾り用に少し残しておく）。

⭐Point 茶碗にごはんを入れてから握ると大きさが均一になり、少し冷めるので初心者も握りやすくなります。

2 手に塩をつける

残り半分のごはんをのせ、茶碗を軽く上下させて、ごはんをまとめる。水で手を濡らし、軽く水気をきる。人差し指と中指の先に塩をつけて手全体に広げ、2のごはんをのせる。

⭐Point
・ごはんが水っぽくならないよう、手は湿らせる程度でOK。
・おにぎりはほおばった瞬間に口に当たる塩がおいしいので、手に薄く塩をします。

3 握ってのりを巻く

ごはんを回しながら、片手でごはんの厚みを整え、反対の手は三角になるように握る。のりを巻き、飾りの具を二のせる。梅おかかも同様にし、2個ずつくる。

炊き込み赤飯

おいしいコツ：あずきは一度ゆで湯を捨てて、ほんのりきれいな赤色に

⏱ 40~50 min 　🔥 301 kcal
浸水時間を除く

 材料（4人分）

鍋 ⋙ 14㎝

もち米
　…米用カップ2（300g）
あずき（またはささげ）
　…30g
塩…小さじ1/3
いりごま（黒）…小さじ1

 Point
・余ったもち米は、ふつうの米や、古くなってちょっとパサつく米に1割ほど加えるともっちり感のあるごはんになります。
・あずきは煮ると胴割れしやすいため、武家社会では切腹とつながり縁起が悪いとされ、ささげが使われるようになりました。どちらを使っても大丈夫です。

 ラク
・あずきを長時間水につけなくてもつくれるラクちんレシピです。思いたってすぐにつくれます。

 →  →

1 もち米を洗う

もち米は**優しく洗い**、ザルに上げて水気をきる。

 Point
割れやすいのでゴシゴシ研がずに、優しく洗います。

2 あずきをゆでる

鍋にあずきとたっぷりの水を入れ、**強火**にかけて沸騰したら**2～3分**ゆでる。ザルに取り、**ゆで湯を捨てる（渋きり）**。鍋をさっと洗い、再び鍋にあずきと水2カップを入れ、**弱火で20分**ほど**少しかためにゆでる**（写真）。あずきとゆで汁に分ける。

 Point
・渋といわれるタンニンなどを捨て、色よく仕上げます。
・つめを立て少し跡がつくかたさに。

3 炊く

炊飯器に **1** のもち米、**2** の冷めた**ゆで汁を220㎖**入れ、**1時間**ほどおく。あずきを入れて混ぜ、おこわモードにしてスイッチを入れる。ごまを鍋に入れて**弱火**で**1～2分**乾煎りし、塩を加えてひと混ぜしたら火を止める。赤飯に添える。

 Point
もち米は吸水量が多いため、加える水は少なめです。

炊き込みご飯

おいしいコツ 米の吸水は「だし」のみ
調味料は後から足すのがふっくら炊くコツ

🕐 **50~55** min 🔥 **337** kcal
浸水時間を除く

材料（3～4人分）

米…米用カップ2
だし…400㎖
鶏もも肉…80g
塩…少々
酒…大さじ1/2
しめじ…1/2パック
ごぼう…1/3本（50g）
A 塩…小さじ1/2
　 しょうゆ…大さじ1
　 みりん…大さじ1

⭐ **Point**
・具はにんじんや油揚げ、たけのこなどでも。水っぽい野菜を使うときは、だしの量を少し控えましょう。
・炊き込みごはんの具は、重量で米2：具1程度。塩味は米用カップ1に対して、塩小さじ1/2またはしょうゆ大さじ1が目安です。アレンジの参考に。

 ➡  ➡

1 米をだしにつける

米は研いで、ザルに上げて水気をきる。冷めただしに30分以上つける。

❓ **ナゼ**
・だしが熱いと周りが糊化して吸水しにくくなるので、冷まして使います。
・米を吸水させるときに塩分があると吸いにくく、かたいごはんになりやすいので、だしだけにつけます。

2 具を下ごしらえする

しめじは石突を取り、バラバラにする。ごぼうは皮をこそげてささがきにし、水につけて水気をしっかりきる。鶏肉は1cm角にし、塩、酒で下味をつける。

❓ **ナゼ**
鶏肉に下味をつけておくと味がぼやけません。

3 炊く

1 に A、2 を加えて全体を混ぜ、炊飯器で炊く。

⭐ **Point**
具を米の上に全面のせると、蒸気が抜けやすくやわらかめのごはんになるので混ぜます。混ぜた後、米が調味液から出ていたら箸で中に入れましょう（写真）。水分につかっていないと生米のままになります。

シンプルチャーハン

おいしいコツ 卵を入れたら間髪入れずに
ごはん投入がパラパラに仕上げるコツ

⏱ **15** min 💧 **537** kcal

材料（2人分）

フライパン ⋙ **26**cm

ごはん（温かいもの）
　…300g
豚こま肉…80g
塩、こしょう…各少々
長ねぎ…15cm
卵…1個
A スープの素…小さじ1
　塩…小さじ1/6
　こしょう…少々
サラダ油…大さじ2
しょうゆ…小さじ1
ごま油…大さじ1/2

Point
・温かいごはんの蒸気を飛ばして調理します。冷やごはんは電子レンジで温めましょう。
・豚肉の代わりにハム、焼き豚にしたり、コーンや枝豆などを加えても。

1 肉を炒める

豚肉は塩、こしょうをする。フライパンにサラダ油大さじ1/2を温め、肉を加え、**中火**でこんがりと炒めたら取り出す。長ねぎは粗みじん切り（→p.179）、卵は溶きほぐす。

Point
・卵、ごはんの順に入れると、卵がほどよく加熱されているのでごはんが卵っぽくなりません。
・木べらで細かく刻むと、ごはんをパラパラにできます。

2 卵とごはんを炒める

残りのサラダ油を温め、**1**の卵液を入れる。すぐにごはんを加えてひっくり返し、卵とごはんが混ざりパラパラになるように**強火**で炒める。

3 肉、ねぎを加える

Aを加えて混ぜ、ねぎ、肉を加えて炒める。しょうゆ、ごま油を回し入れて混ぜる。

Point
・フライパンを前後にゆすり、ごはんを返すと水気がよく飛びます。
・しょうゆ、ごま油は香りが飛ばないよう、最後に回し入れて香ばしさをプラスします。

手づくりルーの カレーライス

おいしいコツ 炒めてから煮れば 香ばしいカレーに

🕐 **50** min　🔥 **823** kcal （ごはん250gとして）

材料（4人分）　鍋 >>> 18~20 cm / フライパン >>> 22 cm

鶏もも肉… 1 枚（250 〜300g）
A 塩…少々
　こしょう…少々
　カレー粉…小さじ1
じゃがいも… 2 個
にんじん…1/2本
サラダ油…大さじ1
トマト缶…1/2缶
B 水… 2 カップ
　スープの素… 2 個
バター…30g

C 玉ねぎ（薄切り）… 1 個分
　しょうが（すりおろし）…20g
　にんにく（すりおろし）… 2 片分
　赤唐辛子
　　…1/2〜 1 本（種は取る）
小麦粉…大さじ 2 と1/2
カレー粉…大さじ3
塩…小さじ1/6
こしょう…少々
りんご（すりおろし）…1/2個分
ガラムマサラ（あれば）
　…大さじ1/2〜 1
ごはん…適量

おすすめ組み合わせ

　or　

p.142
グリーンサラダ

p.145
コールスロー
サラダ

1 具を下ごしらえする

じゃがいもは皮をむき、芽を取って
（→p.181）6〜8等分する。にん
じんは1cm厚さの半月切りかいちょ
う切りにする。鶏肉は余分な脂を取
り（→p.182）、2〜3cm角に切って
A をもみ込む。

2 炒める→煮る

鍋に油を温め、じゃがいも、にんじ
んを**中火**で炒める。全体に油が回っ
たら取り出す。鶏肉を入れこんがり
と焼く。トマトを入れてつぶし、**B**
を加える。沸騰したらアクを取り、
弱火にして少し開けて蓋をして15〜
20分煮る。じゃがいも、にんじん
を戻し入れ、さらに15分ほど煮る。

⭐ **Point** 肉、野菜は炒めてから煮ると煮崩れ
しにくく、香ばしさが増します。

3 ルーをつくる

フライパンにバターを入れて温め、
C を入れて**強火**で炒める。焦げてき
たら**弱火**にし、水分が出てきたらま
た**強火**で炒めるのを繰り返し、茶色
になるまでしっかり炒める。小麦粉
をふり入れてさらに炒める。

4 カレー粉を加える

小麦粉も混ざって濃い茶色になって
きたら、カレー粉、塩、こしょうを
加えて**1分**ほど炒め、**火を止める**。

⭐ **Point** いったん火を止めてスープを徐々に
加えると、ダマになりにくいです。

5 ルーをのばす

2 のスープをお玉に1杯分取り、**4**
のルーに加えてよく混ぜる。なじん
だら再びスープを1杯分加えてのば
す。これを繰り返し、すくってトロ
リと流れ落ちるまで（写真右）スー
プを加える。

6 ルーと野菜を混ぜる

5 を **2** に入れ、りんごとガラムマサ
ラを加えて優しく混ぜ、**弱火**で**10
分**ほど煮て【味見】する。赤唐辛子
を取り出し、ごはんとともに器に盛
りつける。

⭐ **Point** 焦げないよう、鍋底からときどき優
しく混ぜましょう。

キーマカレー

おいしいコツ 香辛料や肉をしっかり炒めて
香ばしさ、旨み、辛みをアップ！

⏱ **30** min　🔥 **639** kcal （ごはん250gとして）

材料（4人分）

フライパン ≫≫ **26** cm

牛ひき肉…200g
玉ねぎ…1個
にんにく…大1片
しょうが…大1かけ
赤唐辛子…1/2〜1本
トマト缶…1/2缶
A 水…1カップ
　スープの素…1個
　塩…小さじ1/2
　ローリエ…1枚
　**ターメリック、
　　オールスパイス**
　　…各小さじ2
　チリパウダー
　　…大さじ1
ガラムマサラ…大さじ1
サラダ油…大さじ1
ごはん…適量
パセリ…少々

⭐ **Point** 上記3種のスパイスの代わりに、カレー粉大さじ1と1/2程度を使っても。

1 香味野菜を炒める

玉ねぎはみじん切り、にんにく、しょうがはすりおろす。赤唐辛子は種を取る。フライパンに油を温め、にんにく、しょうが、赤唐辛子を香りが出るまで**弱火**で炒める。

⭐ **Point** 香味野菜は炒めると、香り、旨み、辛さがアップします。焦げやすいので弱火で。

2 肉を加え炒める

玉ねぎを加え、少し色づくまで**中火**で炒める。肉を加え、パラパラになって少し焦げ目ができるまで（写真）しっかり炒める。トマトを加え、つぶしながらまぜる。

⭐ **Point** ひき肉はしっかりと焦げ目がつくくらい炒めると旨み、香ばしさが増します。

3 水、香辛料を加える

Aを加え20分ほど、ときどき混ぜながら水気がほとんどなくなるまで**弱火**で煮る（写真右）。【味見】し、最後にガラムマサラを加えてひと煮立ちさせる。ローリエ、赤唐辛子は取り出す。ごはんとともに器に盛りつけ、パセリをふる。

ハヤシライス

ソースの複雑な旨みと
トマト缶の酸味でつくるかんたんレシピ

⏱ **40** min 🔥 **736** kcal （ごはん250gとして）

鍋 >>> **18～20** cm

牛肩ロース肉
（または切り落とし）
　…200g
A 塩…小さじ1/4
　こしょう…少々
　小麦粉…大さじ1
玉ねぎ… 1 個
マッシュルーム
　… 1 パック
にんにく… 1 片
サラダ油…大さじ1
バター…30g
小麦粉…大さじ2 と1/2
水… 1 と1/2カップ
トマト缶…1/2缶
B スープの素… 1 個
　中濃ソース
　　…大さじ2 （35g）
　ローリエ… 1 枚
　塩…小さじ1/4
　こしょう…少々
ごはん…適量

1 肉、きのこを炒める

玉ねぎは芯を、マッシュルームは石
突を取り、ともに5mm厚さの薄切り
にする。にんにくはみじん切りにす
る。牛肉は3～4cm幅に切り、**A** をも
み込む。鍋に油とにんにくを入れて
弱火で温め、香りが出たら**中火**にし
て肉を加え、色が変わるまで炒める。
マッシュルームを加えて **1 ～ 2分**炒
め、すべて取り出す。

2 ルーをつくる

1 の鍋にバターを温め、**中火で玉ね
ぎを炒める。茶色になってきたら、
小麦粉をふり入れる。5分**ほど混ぜ
ながら炒め、全体に茶色になったら
水を徐々に加えて混ぜる。

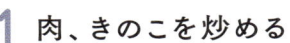 **Point**
・玉ねぎに小麦粉をまぶして炒めて
　から水分を加えると、ダマになら
　ずに濃度がつきます。
・水で鍋底の焦げをこそげ落とし、
　旨みにします。

3 煮る

トマトをつぶしながら加え、1 の肉、
マッシュルーム、**B** を加える。とき
どき混ぜながら**弱火で20～30分**煮
る。【味見】してローリエを取り出
す。ごはんとともに器に盛る。

ラク ドミグラスソースは使わず、ソース
とトマト缶でつくれます。

Point 甘めがお好みなら、とんかつソース
を使うか砂糖を少し加えます。

牛丼

おいしいコツ 生の肉にしっかり調味料をもみ込めば
ごはんがパクパク進む味わいに

🕐 **15** min　🔥 **650** kcal　（紅しょうがを除く）

材料（2人分）

鍋 >>> **14** cm

牛薄切り肉（肩ロース、
　切り落とし、
　こま肉など）…150g
A 砂糖…大さじ1
　しょうゆ
　　…大さじ2と1/2
　みりん…大さじ2
　酒…大さじ2
　しょうが汁…小さじ1
玉ねぎ…1/2個
しらたき…1/2袋（100g）
水…1/4カップ
ごはん… 2膳分（350g）
七味唐辛子、紅しょうが
　…適宜

Point お好みで温泉卵（→p.121）を添えても。

1 具を切る

玉ねぎは反をむいて芯を取り、7〜8mm厚さに切る。しらたきは7〜8cm長さに切り、熱湯で**2〜3分**ゆでて**アク抜きする。**

！ラク アク抜きすると味がよく染み込みます。アク抜き済み商品を使えば、ゆでなくても大丈夫。

2 牛肉を下ごしらえする

牛肉は大きいものは3〜4cm幅に切る。**鍋に入れ、A をもみ込む。**

！ラク 鍋の中で調味でき、洗い物が少なく済みます。

？ナゼ 肉は火を加えるとたんぱく質が締まり、味が入りにくくなります。しっかり味がつくように、生のうちに調味料をもみ込みます。

3 煮る

2 の鍋に **1** を入れて**中火**にかけ炒め煮する。肉の色が変わったら水を加え、蓋をして**弱火**で**4〜5分**煮る。【味見】する。どんぶりにごはんを盛り、煮た具をのせる。好みで七味をふり、紅しょうがを添える。

Point 最初に水を入れずに煮ると香ばしさが旨みとして加わります。水を入れたら鍋底の焦げをこそげ落として。

親子丼

おいしいコツ 卵に鶏とだしの旨みたっぷり
ほどよい汁加減を見極めて

🕐 **15** min 🔥 **553** kcal

材料（2人分）

フライパン >>> **22** ㎝

鶏もも肉…100g
塩…少々
酒…大さじ1/2
玉ねぎ…1/2個
三つ葉…1/4袋（10g）
卵…2個
A（混ぜておく）
　だし…1/3カップ
　砂糖…大さじ1/2
　しょうゆ
　　…大さじ1と1/2
　みりん…大さじ1
　酒…大さじ1
ごはん…2膳分（350g）
七味唐辛子…適宜

⭐ **Point**
・鶏の代わりに豚肉、玉ね
ぎの代わりに長ねぎでも。
・1人分ずつつくるときは
煮汁が蒸発しやすいので、
だしの量を全1/2カップ
に増やします。

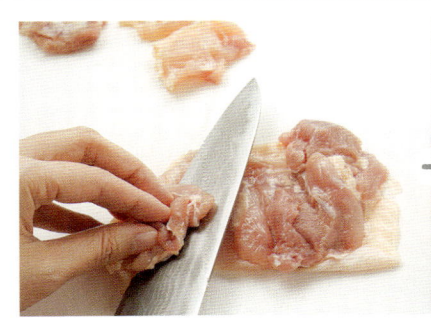

1 具と卵を用意する

玉ねぎは皮をむいて芯を取り、5mm
厚さに切る。三つ葉は葉を摘み、茎
を3cm長さに切る。卵は白身を切る
ように溶きほぐす。鶏肉はひと口大
のそぎ切りにし、**塩、酒で下味をつ
ける**。

❓ **ナゼ** 塩、酒で下味がつき、肉の臭みを取
ってふっくらできます。

2 煮る

小さいフライパンにA、鶏肉、玉ね
ぎを入れて蓋をし、**中火で2～3分**
煮る。肉に火が通ったら三つ葉の茎
をちらす。**卵を中心から回し入れる**。
フライパンをゆすって混ぜ、卵が動
き半熟になったら（写真右）火を止
め、三つ葉の葉をちらす。

⭐ **Point** 煮汁が底の部分にわずかに見える程
度まで煮詰めたら卵を加えます。多
すぎるとごはんがベチャッとします。

3 盛りつけ、蒸らす

どんぶりにごはんを入れ、**2**を上に
のせる。平皿などをのせ、**1分**ほど
蒸らす。好みで七味唐辛子をふる。

❓ **ナゼ** 蓋をして蒸らすと、つゆがごはんに
染みます。染み込ませたくなければ、
2の最後で蓋をして、卵に汁気を吸
わせてから盛りましょう。

チキンオムライス

おいしいコツ 野菜と調味料の水分を飛ばせば
旨みの濃厚なケチャップライスに

🕐 **20** min 🔥 **700** kcal

材料（2人分）　フライパン >>> 26 cm（ごはん） / 22 cm（卵）

鶏肉…80g
玉ねぎ…1/4個
きのこ（マッシュルーム、
　エリンギなど）…50g
A ケチャップ…大さじ3（45g）
　中濃ソース…大さじ1（18g）
　コンソメ（顆粒）…小さじ1/2

ごはん…350g
サラダ油…大さじ1
卵…4個
牛乳…大さじ2
塩、こしょう…各少々
バター…大さじ1
ケチャップ…適宜

おすすめ組み合わせ

 or

p.142
グリーンサラダ

p.149
大根とカリカリ
じゃこのサラダ

1 卵と具を用意する

卵は白身を切るように溶きほぐし、牛乳、塩、こしょうを加えて混ぜる。玉ねぎはみじん切り、マッシュルームは石突を取って半分に切り、5mm厚さに切る。鶏肉は1cm角に切る。

2 具を炒める

フライパンに油を温め、1 の卵以外を加え**中火**で炒める。鶏肉の色が変わり、こんがりしてきたら隅に寄せる。空いたところに **A** を加えて、**水分を飛ばすように2分**ほど炒めてから、具と混ぜる。

★ Point 調味料の水分を飛ばしておけば野菜やごはんと混ぜてもベチャッとしません。

3 ごはんを炒める

ごはんを加えて全体に炒める。取り出し、2 等分する。

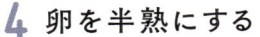

4 卵を半熟にする

小さいフライパンを**中火**で温め、半量のバターを溶かす。卵液の半量を流し広げ、菜箸で細かく円を描き、半熟状にする（写真）。

★ Point このとき、卵の中心部分を少し厚めにつくると包んだときに破れにくく、きれいにできます。

5 ケチャップライスを包む

フライパンをゆすって卵の底が動くのを確認し、**弱火**にする。中央に 3 を 1 人分のせる。手前の卵をごはんにかぶせるようにし、全体を向こう側に寄せ、向こう側の卵もかぶせる。

★ Point 卵がスルリと動けば巻きやすい状態です。まだならもう少し火を入れて。

6 盛りつける

フライパンの柄を逆手に持ち、左手に器を持って、フライパンの縁の卵の下から器にのせるようにフライパンをひっくり返す。**熱いうちにペーパータオルで形を整え**、ケチャップを添える。同様にもうひとつつくる。

★ Point 多少形が崩れても大丈夫！ 温かいうちならペーパータオルで押さえれば形を整えられます。

かけうどん

おいしいコツ 冷凍うどんを使ってかんたんに
どんぶりを温めておくとつゆが冷めない

🕐 **15** min 　🔥 **280** kcal

材料（2人分）

鍋 >>> **14**cm（つゆ）／
18〜20cm（うどん）

うどん（冷凍）… 2玉
A だし… 3と1/2カップ
　塩…小さじ1/2
　しょうゆ…小さじ2
　みりん…大さじ1/2
かまぼこ…3cm
万能ねぎ… 2本
天かす（あれば）…少々
七味唐辛子（お好みで）
　…適宜

❗**ラク** 冷凍うどんを使えば、ゆで
時間はたった1分です。電
子レンジの場合は、個包装
のままのうどんを皿にのせ、
3分30秒ほど加熱します。

⭐**Point** 具はわかめ、卵、天ぷらな
ど、トッピングはおろしし
ょうが、ゆずなどいろいろ
なバリエーションが楽しめ
ます。

1 具、つゆを用意する

かまぼこは4切れに切り、板から外
す。ねぎは斜め切りにする。鍋に**A**
を合わせる。うどんをゆでる頃に**中
火**にかけ熱くする。

2 うどんをゆでる

鍋にたっぷりの湯を沸かし、どんぶ
りに湯をお玉2杯ずつ入れて温める。
鍋にうどんを凍ったまま入れ、鍋を
優しくゆり動かす。自然にほぐれて
きたら、箸で広げる。商品の表示に
合わせ**45〜60秒**ゆで、ザルに取っ
て水気をしっかりきる。温めたどん
ぶりの湯を捨て、うどんを入れる。

⭐**Point** どんぶりを温めておくと、つゆが冷
めにくく、温かいまま食べられます。

3 つゆをかけ具をのせる

熱くした**A**を注ぎ、かまぼこ、ねぎ
をのせる。好みで天かすをのせ、七
味をふる。

焼きそば

両手で混ぜると水分が飛び、
仕上がりがベタつかない

🕐 **20** min 🔥 **676** kcal

材料（2人分）

フライパン ≫≫ **26**cm

中華蒸し麺（焼きそば用）
　… 2玉
豚バラ肉…100g
キャベツ
　… 2〜3枚（200g）
にんじん…4cm
玉ねぎ…1/4個
もやし…1/2袋（100g）
スープの素…小さじ1
塩、こしょう…各少々
ウスターソース、
　中濃ソース
　…各大さじ2（各35g）
紅しょうが…適宜
サラダ油…大さじ1

⭐ Point
・冷凍うどんに代えて、焼
　きうどんにしても。
・トッピングに青のり、け
　ずりがつおを加えても。

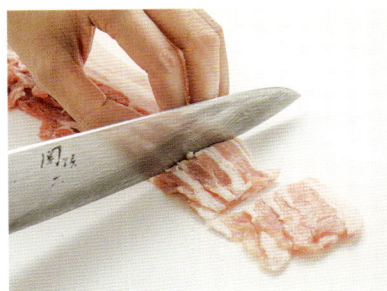

1 具、麺を用意する

キャベツは芯を取り3cm角、にんじ
んは1cm幅の短冊切り、玉ねぎは長
さを半分に切り1cm厚さにする。も
やしはできればひげ根を取る。豚肉
は3cm長さに切り、塩、こしょう各
少々（ともに分量外）する。**麺は袋
のまま電子レンジで1〜2分**温める。

❗ラク 麺は電子レンジで温めてから使うと
ほぐれやすく、短時間で炒めること
ができます。

2 具を炒める

フライパンに油を入れて温め、肉を
色が変わるまで**強火**で炒める。にん
じん、玉ねぎを入れ、玉ねぎが少し
透き通ってきたら、キャベツ、スー
プの素、塩、こしょうを加えて炒め
る。

3 麺を炒める

全体に油が回ったら麺を加え、野菜
は麺の上にのせて麺に少し焦げ目が
できるまで炒める。**ソース**、もやし
を加えて**混ぜる**。器に盛りつけ、紅
しょうがなどを好みで添える。

⭐ Point
・ソースは麺にかけ入れ焦げ防止に。
・フライ返しと菜箸を持ち、両手で
　手早く全体を混ぜます。麺を持ち
　上げながら混ぜると余分な水分が
　飛び、ベタつきにくくなります。

ミートソーススパゲティ

おいしいコツ アルデンテを見極めて！
麺の中の針先ほどの「芯」がゆで上がりのサイン

🕐 **40** min 💧 **633** kcal

材料（2人分） 鍋 ≫≫ 18~20 ㎝

合いびき肉…150g
玉ねぎ…1/2個
にんにく…1片
にんじん…1/4本
A トマトホール缶
　　…1/2缶（200g）
　スープの素…1個
　中濃ソース…大さじ1/2（9g）
　塩、こしょう…各少々
　ローリエ…1枚

オリーブ油…大さじ1
スパゲティ…160〜200g
パセリ…1枝
粉チーズ…適宜

おすすめ組み合わせ

 or

p.142
グリーンサラダ

p.145
コールスロー
サラダ

 Point きのこの粗みじんを入れると、カサが増えてヘルシーです。

1 具を用意する

玉ねぎ、にんにくはみじん切り、**にんじんはすりおろす**。パセリは葉を摘み、みじん切りにする。

ラク かたくてみじん切りが大変なにんじんはすりおろすとラク。

2 ひき肉、玉ねぎを炒める

鍋にオリーブ油、にんにくを入れて**弱火**で温める。香りが出たらひき肉を入れて**強火で焦げ目がつくまでしっかり炒める**。玉ねぎを加えてさらに炒める。

Point ひき肉をしっかり炒めたほうが、香ばしくコクのあるミートソースになります。

3 トマトを加える

全体がしんなりしたらにんじん、**A**を加え、トマトを軽くつぶす。

4 ソースを煮る

少し開けて蓋をし、**弱火で20〜30分煮る**。途中でときどき混ぜる。

Point
・スパゲティはゆで上がると伸びていってしまうので、ソースを先につくり、ほかの料理をし終え、盛りつける皿などを用意しておきます。
・余ったミートソースは冷蔵で3〜4日が目安、冷凍でも保存可能です。

5 スパゲティをゆでる

鍋に水1ℓに対し塩小さじ2（1%、分量外）の湯を沸騰させ、スパゲティをバラバラに入れる。沈めてくっつかないように混ぜる。**沸騰しつつ吹きこぼれない程度に火加減**し、表示時間の**1分30秒ほど前**で1本ちぎり、中心に芯が針先ほど残っていたら（写真右）ザルに取る。

6 盛りつける

熱々を器に盛り、**4**をかける。パセリ、チーズをふる。

Point
・手際に自信がないうちは、ゆでた麺に小さじ2ほどのオリーブ油をかけておくとくっつきにくくなります。
・クルッと巻くように盛りつけると見た目もよく盛りやすいです。

カルボナーラスパゲティ

おいしいコツ 卵を混ぜながら加熱すれば
ダマのないクリーミーな仕上がりに

🕐 **20** min　🔥 **712** kcal

材料（2人分）

フライパン ≫≫ **26** cm

卵…2個
A 生クリーム
　…1/4カップ
　粉チーズ…大さじ2
　塩…小さじ1/4
にんにく…1/2片
ベーコン（あれば厚切り）
　…40g
オリーブ油…大さじ2
スパゲティ…160〜200g
粗びき黒こしょう
　…少々

❗ラク 卵黄だけでなく卵白も使うレシピなので、卵白の使い道に困りません。濃厚な味がお好みなら、卵黄だけにしても。残った卵白は卵焼きに混ぜても。

⭐ Point 残った生クリームはオムレツなどの卵料理に混ぜても。

1 具を用意し、炒める

卵は白身を切るように溶きほぐし、**A**を加えて混ぜる。にんにくはみじん切り、ベーコンは1cm幅に切る。フライパンにオリーブ油を温め、ベーコンを油が出て少しカリッとするまで**中火**で炒める。にんにくを加えて茶色になるまで炒め（写真）、**フライパンごと冷ます**。

❓ナゼ フライパンの余熱で、卵液がすぐにかたまりダマになります。

2 スパゲティをゆでる

1.5ℓの湯を沸かし、塩大さじ1（分量外）を入れる。パスタをバラバラに入れ、底につかないように混ぜながら、**沸騰しつつ吹きこぼれないよう火加減**する。製品の表示時間の**1分30秒〜2分短く アルデンテにゆで**、ザルに取る。

⭐ Point アルデンテは麺の中心に芯が1点、白く残った状態です（写真右）。再び火にかけるので少しかためでOK。

3 ソースと絡める

1のフライパンに卵液と**2**を加え、混ぜながら**弱火**にかける。卵がとろりとしたらすぐに器に盛り、黒こしょうをふる。

⭐ Point 卵を入れたらダマができないよう常に混ぜ続け、手早く器に盛ります。できたてが食べられるようあらかじめ器を用意し、サラダなどのほかの料理はつくっておきましょう。

お好み焼き（豚玉＆ちくわ）

おいしいコツ 生地に山いもを入れふわふわに、焼くときに押さえすぎないのがコツ

⏱ 30 min 🔥 豚玉 **912** kcal　ちくわ＆たくあん **583** kcal

材料（各1枚分）

フライパン >>> 22cm

- 薄力粉…150g
- 山いも（または長いも）…100g
- 卵…2個
- だし…1カップ
- 塩…小さじ1/3
- キャベツ…2〜3枚（200g）
- 長ねぎ…10cm
- **A** 豚バラ肉…50g
  天かす…20g
- **B** ちくわ…2本
  たくあん…40g
  桜えび…大さじ2
- サラダ油…大さじ1/2
- **C** お好み焼きソース、マヨネーズ、青のり、けずりがつお…適量
- **D** しょうゆ…大さじ1/2
  万能ねぎ（小口切り）…2本

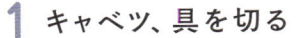

1 キャベツ、具を切る

キャベツは粗みじん切り、長ねぎは小口切りにする。**B** のちくわは小口切り、たくあんは粗みじん切りにする。

2 生地をつくる

山いもの皮をむいてボウルにすりおろし、卵を割り入れて混ぜる。だしを少しずつ加えて混ぜる。塩を加え、薄力粉をふり入れながら混ぜる。キャベツ、長ねぎを混ぜる。

 Point
- 山いもを入れると生地がふんわりします。持つ部分の皮を残しておろすとすべりません。
- 生地をだしでのばすと、味がついておいしくなります。

3 焼く

フライパンに油の半量を温め、**2** の半量を広げる。天かす、豚肉をのせ（写真）、蓋をして**中火で3〜4分焼く**。焦げ目がついたら裏返し、**フライ返しなどで軽く押さえて強めの弱火で4〜5分焼く**。残りの **2** に **B** の具を加えて混ぜ、同様に焼く。**A** には **C**、**B** には **D** をトッピングする。

Point 強く押さえるとかたくなってしまうので、裏面が平らになる程度に。

サンドイッチ（卵&ハムきゅうり）

おいしいコツ 「なじませ時間」が
パンと具にしっとり一体感を生む

🕐 **30** min 🔥 **671** kcal

材料（2人分）

食パン（サンドイッチ用）… 8枚
バター（またはマーガリン）
　…適量
練がらし…適宜
卵サンド
　ゆで卵（→p.120、
　　10〜12分ゆで）… 2個
　マヨネーズ…大さじ2（25g）
　塩、こしょう…各少々

ハムきゅうりサンド
　ハム… 2枚
　きゅうり… 1本
　塩…小さじ1/4
　酢…大さじ1/2
　マヨネーズ…大さじ2（25g）

⭐ **Point**
・どちらのサンドも、お好みでツナ、チーズ、レタスなどを挟んでも。
・卵の輪切り器があれば、輪切りにしてから90°向きを変えて切るとかんたんに粗みじん切りができます。

おすすめ組み合わせ

 **or**

p.177
ミネストローネ

p.177
クリーム
コーンスープ

172

1 パンにバターを塗る

パンの片面に常温でやわらかくして
クリーム状にしたバター、好みで練
がらしを薄く塗る。塗った面を合わ
せておく。

? **ナゼ** パンに水分が染み込まないように、
油分を薄く塗っておきます。

★ **Point** パンをもともと袋に入っていた順番
通りに組み合わせると、仕上がりの
形を整えやすいです。

2 卵サンドの具をつくる

ゆで卵は黄身と白身に分け、黄身は
ボウルに入れてフォークなどでつぶ
す。白身は粗みじん切りにし、ほか
の卵サンドの具とともに黄身の入っ
たボウルに加えて混ぜる。

! **ラク** 白身はフォークで刻みにくいので包
丁で切り、黄身は包丁とまな板を汚
してしまうのでボウルの中でつぶし
ます。面倒なようですが、黄身と白
身は別々に刻んだほうがラクです。

3 きゅうりを下ごしらえする

きゅうりは長さを半分に切り、縦長
に5〜6枚の薄切りにする。塩をし、
5分ほどおく。水気をきり、酢をか
けてなじませ、水気をペーパータオ
ルで拭く。

? **ナゼ** きゅうりは塩→酢の順にふると味が
つくうえ、時間が経っても水っぽく
なりません。

4 具を挟む

1枚のパンに2を半量塗り、もう1
枚のパンで挟む。1枚のパンにハム
1枚をのせ、マヨネーズ大さじ1を
広げる。きゅうりを半量のせ、もう
1枚のパンで挟む。同様に、もうひ
とつずつつくる。

★ **Point** 卵は真ん中を少し多め、端を少なめ
に塗ると、切ったときにはみ出ませ
ん。

5 なじませる

ポリ袋に入れ、平らな皿かバットを
2枚程度のせて15分ほどなじませ
る。

? **ナゼ** 重しをすると、パンと具がしっとり
なじんで一体感が生まれ、切りやす
くなります。乾かないように袋で包
んで。

6 切る

パンの耳を薄く切り、対角線に4等
分する。

★ **Point** パンは包丁をすべらせるように切り
ます。マヨネーズなどが包丁につい
て切り口が汚れるので、湿らせたペー
パータオルで拭きながら切りましょ
う。パンは優しく押さえて跡をつ
けないように。

基本のみそ汁

おいしいコツ 煮干しは水にひたして旨みを引き出し
みそは沸騰させずに風味を残して

🕐 **15** min　🔥 **64** kcal
ひたし時間を除く

材料（2人分）　鍋 ≫≫ **14** cm

煮干し…10g
水…1と3/4カップ
豆腐…1/4丁
乾燥わかめ…2g
みそ…大さじ1と1/3（25g）
長ねぎ…5cm

⭐ **Point** みそ汁のだしには、煮干しだけでなく、けずりがつお、昆布、合わせなどのだしでもOKです。

1 煮干しは頭とハラワタを取り、縦に裂く。分量の水に入れて、**30分以上つける。**

⭐ **Point** 煮干しは30分以上水につけると、旨みが出ます。前日の夜のうちにつけておいても。

2 1を蓋をしないで**中火**にかけ、沸騰したらアクを取り、**2〜3分煮る。**

3 こして、鍋に移す。

4 豆腐は1cm角のさいの目切りに、長ねぎは小口切りにする。3の鍋に豆腐を入れ、**中火**で温める。ふつっとしたらわかめを加える。

5 小鉢にみそを入れ、4のだしをお玉1/2ほど加えて、みそを溶く。

❗ **ラク** みそこし不要で、みそがすぐ溶けダマになりません。

6 鍋に戻し入れて混ぜ、【味見】をする。沸騰直前に火を止め、器に盛りつける。ねぎを加える。

❓ **ナゼ** みそは沸騰させると香りが飛んでしまいます。

みそ汁の具いろいろ

おいしいコツ ①食べごたえ②旨み③香りの
3つの具をそろえれば、バリエ広がる！

具の組み合わせ例

	食べごたえがある具	旨みがある具	香りのよい具
1	キャベツ	油揚げ	万能ねぎ
2	じゃがいも	玉ねぎ	絹さや
3	豆腐	しめじ	三つ葉
4	大根	油揚げ	長ねぎ
5	なす	油揚げ	みょうが
6	豆腐	なめこ	万能ねぎ

キャベツ＆油揚げ

キャベツ1枚、油揚げ1/2枚（油抜きしておく）は4cm長さの短冊切りにする。鍋にだしとキャベツを入れて**中火**にかけ、沸騰したら油揚げを入れる。キャベツがやわらかくなったらみそを溶き入れ、沸騰直前に火を止める。万能ねぎ2本を4cm長さの斜め切りにして添える。

じゃがいも＆絹さや

じゃがいも1/2個は5mm厚さの半月切り、玉ねぎ1/4個は薄切りにする。鍋にだしとともに入れて**中火**にかけ、じゃがいもに火が通ったら絹さや4枚を斜め半分に切って加え、温める。みそを溶き入れ、沸騰直前に火を止める。

大根＆油揚げ

大根80g、油揚げ1/2枚（油抜きしておく）は4cm長さの細切りにする。鍋にだしと大根を入れて**中火**にかけ、沸騰したら油揚げを入れる。大根が透き通ったらみそを溶き入れ、沸騰直前に火を止める。長ねぎ5cmを小口切りにして添える。

豆腐1/4丁（80g）は1.5cm角に切る。しめじ1/4パックは石突を落として小房に分ける。鍋にだしと三つ葉以外の具を入れて**中火**にかけ、沸騰したらみそを溶き入れる。沸騰直前に火を止めて、三つ葉2枝を2cm長さに切って添える。

豆腐＆しめじ

だし不要！

あさり＆長ねぎ

あさり…100g
昆布…3cm
水…1と3/4カップ
酒…大さじ1
みそ…大さじ1と1/3（25g）
長ねぎ…5cm

? ナゼ 貝には旨みが多く、昆布をプラスするだけで十分おいしいだしになります。だしを取らなくてもOK。

1 鍋に昆布、水を入れて**30分**ほどおく。砂出ししたあさり（→p.185）、酒を加えて**中火**にかける。沸騰直前に昆布を取り出し、アクを取る。貝の口が2〜3個開いたら火を止め、蓋をして**5〜6分**蒸らす。

2 貝の口がほとんど開いたら、みそを溶き入れる。再び**中火**にかけ、沸騰直前に火を止める。盛りつけ、小口切りのねぎを加える。

かきたま汁

おいしいコツ だしに片栗粉を入れ ふんわりかきたまに

🕐 **10** min 🔥 **46** kcal

材料（2人分）

鍋 >>> **14** cm

だし
（お好みのもの→p.28）
　… 1と1/2カップ
塩…小さじ1/4
しょうゆ…小さじ1/2
卵… 1個
万能ねぎ… 2本
片栗粉…小さじ1/2
水…小さじ1

Point　だしを中華スープの素に代えれば中国風に。ただし、スープの素は塩分が多いので塩は控えめにして。ごま油をプラスするとさらに香ばしくなります。

1 鍋にだしを入れる。卵は白身を切りながら溶きほぐす。ねぎは小口切り、片栗粉と水は合わせて水溶き片栗粉をつくる。

2 1の鍋を**中火**にかけ、塩、しょうゆを加える。混ぜながら水溶き片栗粉を加える。

3 沸騰したら、卵を菜箸に伝わらせながら中心から渦巻き状に流し入れる。卵が浮いてきたら万能ねぎを加えて火を止める。

⭐ **Point**
・水溶き片栗粉を加えるときはよく混ぜて、加えながらだしも混ぜましょう。片栗粉を入れると、卵がふんわりと表面に浮きます。
・卵をなるべく少しずつ、重ならないように加えれば、ふわふわになります。

おすまし

おいしいコツ だしのおいしさを生かし、彩り＆香りの具をプラスして

🕐 **10** min 🔥 **12** kcal

材料（2人分）

鍋 >>> **14** cm

だし（→p.28）
　… 1と1/2カップ
塩…小さじ1/6
しょうゆ…小さじ1
しめじ…1/4パック
花麩… 4個
万能ねぎ… 2本

⭐ **Point**　おすましはだしが主役。昆布とけずりがつおできちんと取りましょう。直前に温め、香りよい熱々を食べて。

1 しめじは石突を切り、小房に分ける。麩は水かぬるま湯につけて戻し、水気をしぼる。万能ねぎは小口切りにする。

2 鍋にだし、塩、しめじ、麩を入れて**中火**にかける。沸騰したらしょうゆを入れ、ひと煮立ちしたら火を止める。器に盛りつけ、万能ねぎを散らす。

具の組み合わせ例　1～3からお好みのものを選んで。

1	食べごたえのある メインの具	豆腐　そうめん　ゆば　はんぺん
2	メインと味が異なり 彩りのある具	わかめ　きのこ類　青菜
3	香りのよい具	ゆず　三つ葉　万能ねぎ　長ねぎ

ミネストローネ

おいしいコツ 野菜を炒めて旨みをプラス
最後に味を調えるのがポイント

🕐 **30** min 💧 **111** kcal

材料（2〜3人分）

鍋 >>> **14**cm

キャベツ…1枚
玉ねぎ…1/4個
にんじん…30g
じゃがいも
　…小1個（100g）
トマト…1/2個
にんにく…1/2片
ベーコン…1枚（20g）
オリーブ油…大さじ1
A 水…2カップ
　スープの素…1個
　塩…小さじ1/6
　こしょう…少々

★ Point
・トマト缶1/4缶でもOK。
・汁物は火加減や鍋の大き
　さ、具の水分で仕上がり
　が変わります。必ず味見
　して、塩分調整を。
・お好みで粉チーズを加え
　たり、卵を加え朝食にも。

1 キャベツは芯を取り、玉ねぎ、にんじん、じゃがいもは皮をむき、トマトはヘタを取ってそれぞれ1cm角に切る。にんにくはみじん切りにし、ベーコンも1cm角に切る。

2 鍋にオリーブ油とにんにく、ベーコンを入れて**弱火**にかける。色がついてきたら、トマト以外の野菜を入れて**強火**で炒める。全体に油が回り、少しこんがりしてきたら、トマトを加えて1〜2分炒める。

3 **A**を加える。沸騰したらアクを取り、蓋をして**弱火**で15分煮る。【味見】をする。

クリームコーンスープ

おいしいコツ 炒めた玉ねぎが
香ばしく旨みに

🕐 **20** min 💧 **156** kcal

材料（2〜3人分）

鍋 >>> **14**cm

クリームコーン缶
　…中1缶（190g）
玉ねぎ…1/4個
小麦粉…大さじ1
水…1/2カップ
A スープの素…小さじ1
　塩…小さじ1/4
　こしょう…少々
牛乳…1カップ
黒こしょう…少々
オリーブ油…大さじ1

★ Point
・玉ねぎ、小麦粉を炒めて
　水分を入れるととろみが
　つきます。
・小麦粉はしっかり炒める
　とスープが粉臭くなりま
　せん。鍋底についた分は
　水を入れた後に木べらな
　どでこそげ落とし、スー
　プに旨みとして加えまし
　ょう。

1 玉ねぎはみじん切りにする。

2 鍋にオリーブ油を温め、**1**を**中火**で炒める。透明になったら小麦粉をふり入れる。

3 小麦粉が薄く色づいてきたら、水を徐々に入れて混ぜる。なじんだら**A**、コーンを加え、蓋をして**弱火**で10分ほど煮る。牛乳を入れて【味見】をし、沸騰直前に火を止める。器に盛りつけ、黒こしょうをふる。

食材の切り方・下ごしらえ

本書で出てくる食材の切り方や
下ごしらえについて、詳しく紹介します。

小口切り

細長い食材を横にして置き、端から切る。きゅうりやねぎなどに用いる。

輪切り

切り口が丸い食材を端から一定の厚みで切る。にんじん、大根などに用いる。

太さに差がある野菜は、細いほうの下に小指をかませると、きれいな輪切りに。

斜め切り

食材に対して端から斜めに切る。用途によって厚みを変える。輪切りよりも切り口が大きく味が染みやすい。長ねぎ、ごぼうなどに用いる。

薄切り

食材を端から1〜2mmの厚さに薄く切る。繊維に沿う（縦切り）と食感がよくなり、繊維を断ち切る（横切り）とやわらかくなる。

細切り

食材を3〜4mm薄さの薄切りにし、ずらして重ねて、端から3〜4mm細さに切る。用途によって薄切りの厚みを変え、太さを調整する。

せん切り

■ キャベツ

芯は取り、葉をくるくると巻く。

芯はかたいのでV字の切り込みを入れて取る。

少し押しつぶしながら、端から薄く切る。「細切り」よりも幅は細い。

■ 長ねぎ

4〜5cm長さに切り、縦に切り込みを入れて黄緑色の芯を取り出す。

外側の白い部分を広げ、端から縦に1〜2mm細さに切る。黄緑の部分は薄切りにし、ずらして重ね、さらに端から細く切る（白い部分だけなら白髪ねぎになる）。

ざく切り

食材を端からざくざくと切る。大きさは3〜4cm幅が目安。

■**玉ねぎ**

縦半分に切る。切り口を下にして置き、芯のあるほうを少し残しつつ、縦に1〜2mm幅の細い切り込みを入れる。

向きを90°変え、端から細かく切る。

残った部分は切り口を下に倒し、芯を中心に放射状の細かな切り込みを入れて、周囲を細かく切る。

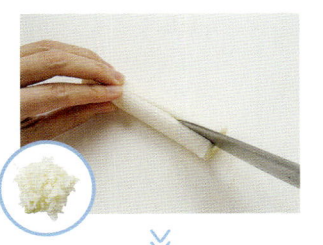

■**長ねぎ**

端を少し残して、縦に2〜3mm幅の切り込みを入れる。

端から細かく切る。

食材に斜め45°に包丁を入れ、切った面が上に向くように手前に回しながら繰り返す。煮物によく用いる。切り口が大きく、味が入りやすくなる。

球状の食材を縦半分に切る。切り口を下にし、縦に放射状に切る。用途によって厚みを変える。

4〜5cm長さに食材を切り、縦に1cm厚さに切る。

横に置き、端から1〜2mm幅に切る。

切り口が丸い食材を縦半分に切る。切り口を下にして置き、端から切る。用途によって厚さを変える。

縦4つに切り、切り口を下にして端から切る。用途によって厚さを変える。

食材に対して、縦にピーラーをすべらせて薄く切る。にんじん、ごぼう、大根に用い、炒め物やゆで野菜、サラダにする。

そぎ切り

包丁を寝かせて、斜めに食材を切る。包丁の刃元から入れ、手前に引きながら薄く切る。

ささがき

食材の端から鉛筆を削るように薄くそぎ切る。または、食材に縦に数本切り込みを入れて、削る。ピーラーを使っても。

石突（いしづき）を取る

軸　石突

■ しいたけ

石突を取る
先端のかたい部分を切り落とす。

軸を取る
しいたけのかさの下の軸に包丁を入れて切る。石突を取ると、軸も食べられる。

■ しめじ

根元のかたい部分を切り落とす。

先まで食べられる

■ まいたけ

石突はないことが多い。かたい石突があれば落とす。

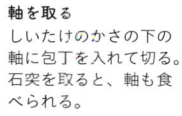

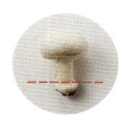

■ マッシュルーム

根元の土がついたかたい部分を切り落とす。

■ きくらげ

水で戻して、かたい部分を切り落とす。

小房に分ける

■ しめじ

食べやすい大きさに手でほぐす。

■ ブロッコリー

つぼみの根元に包丁を入れて、ひと口大になるように切り分ける。大きい場合は軸に数か所の切り込みを入れ、手で裂く。小さい場合は何房かまとめて切る。

かぼちゃ

支点

■ かたい皮の切り方

刃先から入れて左手で押さえ、てこの原理で刃元を下ろして切る。一度に切ろうとせず、何度も繰り返すとよい。

■ 種とワタを取る

スプーンを使って種とワタを取り除く。ワタの部分から腐っていくので、保存するときも残さず取り除くようにする。

■ ところどころ皮をむく

皮をところどころむく。包丁の刃元をひっかける方法と、まな板に皮を横にして置いて刃を下ろし、削り取る方法がある。煮物などに用いる。

■ 面取りする

かぼちゃの切り口の角を薄くそぎ切る。包丁でもよいが、ピーラーがかんたん。煮崩れ防止になる。

■ 薄切りする

切り口を下にして置き、包丁の刃先から入れて左手で押さえ、てこの原理で刃元を下ろして薄切りにする。

ピーマン

■ ヘタと種を取る

縦半分に切り、ヘタを上から押し込むようにして種と一緒に取る。

なす

■ 縞目にむく

ヘタを切り落とし、切り口にピーラーの刃をかけて、縞模様に皮をむく。

アボカド

■ 種を取る

種に当たるように包丁を入れ、くるりとひと回りして切り目を入れる。

手で持ち、左右の実を前後にずらして半分に分ける。

包丁の刃元を種に刺し、ひねって取る。

さやいんげん

■ 筋取り

ヘタを指先で折り、つながっている筋をそのまま引っ張って取る。ただし、最近のさやいんげんは筋がないものも多い。

キャベツ

■ 軸の厚い部分をそぐ

包丁を寝かせて、軸の厚い部分を削り取る。ロールキャベツのような芯の厚みを取りたい料理に用いる。

玉ねぎ

■ 芯取り

縦半分に切り、根元の部分にV字の切り込みを入れて芯を取る。

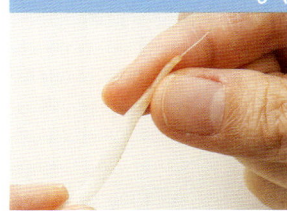

もやし

■ ひげ根を取る

水で洗った後、ひげの根元の部分を手で折る。特有の臭みが減り、見栄え、口当たりがよくなる。

セロリ

■ 筋を取る

切り口の部分から包丁で筋をすくい取り、下に引っ張る。

じゃがいも

■ 芽を取る

包丁の刃の根元、またはピーラーの芽取りを使ってえぐるように取る。芽にはソラニンという毒素が含まれているので必ず取ること。

ごぼう

■ 皮をこそげる

水で洗った後、ごぼうの手前から向こうへ包丁の刃または背でこすって皮をこそげる。

Before
▼
After

■ 水につける

ごぼうはアクが強いので、切った後、水につける。れんこんやじゃがいもも同様に。色をきれいに仕上げたいときは、かたくなるが酢水が効果的。

里いも

■皮をむく

たわしを使って水で洗う。水気を取り、上下を少し切り落とす。

上下を落とすと、すべらず持ちやすい。

切り口を挟むように手で持ち、縦に6〜8回皮をむく。しっかり水分を拭くまたは乾かしておくとすべらず、かゆくなりにくい。

■塩をふってもむ

皮をむいたらボウルに入れ、塩をふってもんで水洗いする。里いものぬめりが取れ、料理がすっきりと仕上がる。

しょうが

■皮をこそげる

スプーンの縁や柄で皮をこそげ取る。しょうがの香り成分は皮のすぐ下にあるので、包丁でむくよりこそげるほうが香りがよい。

にんにく

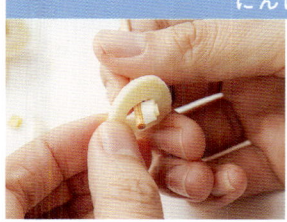

■芯を取る

根元を切り薄皮をむく。輪切りにし、竹串などで芯を抜く。または、縦半分に切り、芯を取る。芯は焦げやすいので、炒め物などでは取るとよい。

■つぶす

包丁の腹を当て、上から手で押しつぶす。

豚肉・牛肉

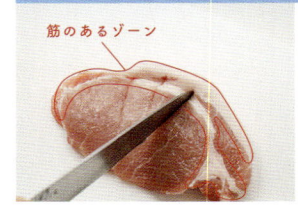

筋のあるゾーン

■筋を切る

脂身と赤身の間の筋を、刃先で切り、焼き縮みを防ぐ。

赤身を囲むように下側に白い筋があれば、そこも切る。

筋のあるゾーン

■たたいて伸ばす

筋を切ったあと、肉たたき（麺棒、水を入れたペットボトルなどでも可）で、まんべんなくたたく。繊維を壊すことで、やわらかい仕上がりになる。

鶏もも肉

■余分な脂を取る

皮と身の間のかたまっている脂身をそぎ取る。脂臭さがなくなる。やりすぎると身と皮が離れてしまうので、取りやすいところだけ取ればOK。

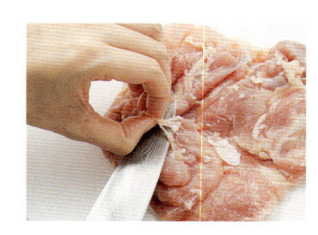

■筋を切る

身の間にある白い筋を切り離す。焼き縮みしにくくなる。

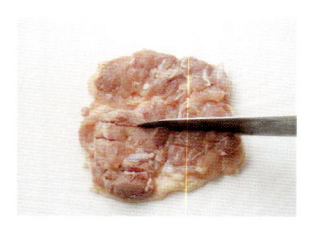

■厚い部分に切り込みを入れる

厚みがある部分に包丁で数か所、切り込みを入れる。熱が均等に入る。

鶏ささみ

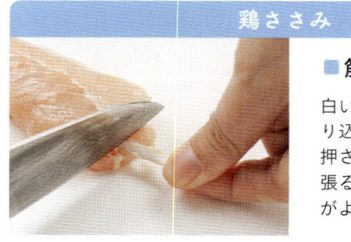

■筋を取る

白い筋に沿って、縦に両側切り込みを入れる。包丁で身を押さえながら、筋を手で引っ張る。筋を取ることで口触りがよくなる。

■ 三枚に下ろす

指先で触り、残っているウロコを包丁の刃先で取る。処理済みのものでも取りきれていないことがあるので、確認を。

尾のつけ根から包丁を入れて、前後に小刻みに動かしながら頭に向かって包丁をすべらせ、ゼイゴ（あじ特有のかたいウロコ）を取る。

包丁を胸びれの下から斜めに入れる。半分まで切れたら裏返し、同様に包丁を入れて頭を切り落とす。

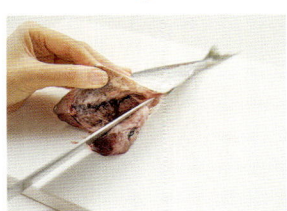

腹に切り込みを入れて開き、内臓を包丁でかき出す。流水で血合い部分や内臓をきれいに洗い流す。

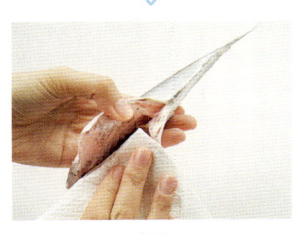

ペーパータオルで水気をよく拭く（これ以降は洗わない）。まな板も洗ってきれいにする。

尾を手前に置く。頭側から刃を中骨の上に入れ、1〜2cmの深さに包丁を入れ、尾のほうまで切り込む（下ろすときのガイドになる）。

180°回して置き、同様に尾のほうから頭に向かって、腹に切り込みを入れる。

腹を手前に置く。刃を尾に向けて包丁を寝かせ、尾の切り込みに刃先を差し込む。

尾を左手で持つ。尾の切り込みから刃を頭に向けて入れ、頭のほうへ切り進める。中骨の上に沿わせるように、中骨を感じながら切るとよい。

尾の近くで切り離し、半身を取る。

裏返し、頭を手前に置く。背側から中骨の上に包丁を入れ、尾から頭側へ向けて切り込みを入れる。180°回し、腹側は頭から尾に向けて切り込みを入れる（写真）。

三枚下ろし

背を手前にして置き、包丁の刃先を尾に差し込む。尾を左手で持ち、中骨の上に沿うように刃を頭に向けて入れ、切り進める。

■ さばき方

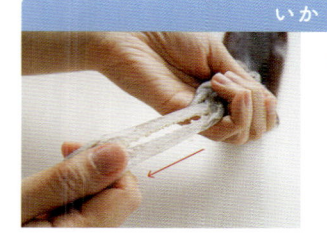

全体をよく洗う。胴を持ち、足を握ってしごいて、吸盤のかたいリングを取る。

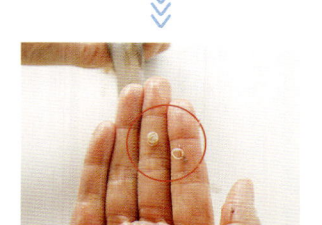

吸盤のリング。食べたときに口に当たるので取り除く。

胴をめくり、足と胴のついているところを探す。

胴の中のほうに人指し指を入れ、ついている部分を外す。

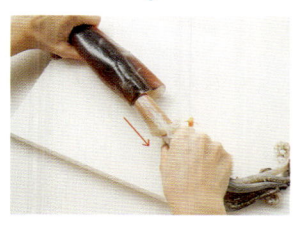

左手でエンペラを持ち、右手で頭足部を持って、内臓や墨袋を破かないようにそっと引き出す。

胴と頭足部に分けたところ。

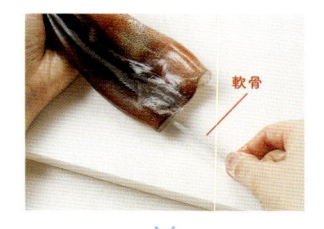

胴の軟骨を取る。流水で中までよく洗い、ペーパータオルで水気をよく拭く。まな板も洗ってきれいにする。

軟骨

目の下に包丁を入れ、足と内臓を切り分ける。内臓と墨袋を料理に使う場合は取っておく。

足を1本ずつに切り分ける。

足の中心にあるくちばしを押し上げるようにし、取り除く。

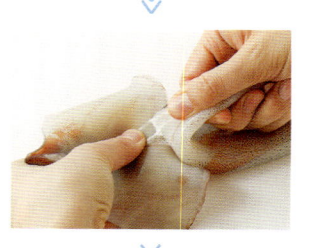

エンペラを胴からはがし、身を破かないように引っ張って離す。

（皮をむく料理は）エンペラを離して皮がむけたところをきっかけに、胴の周りをぐるりと一周むき、下に引っ張って全体をはがす。

えび

背ワタ

■ 下処理

殻の間の節に竹串を刺し、背ワタ（背の黒い筋の部分）を取る。背ワタがないものもある。

剣先は鋭く危ないので切り落とす。（揚げ物は）尾の先を切り落とす。尾の殻は袋状になっており、火を入れると空気が膨張して破裂することがあるため。

剣先

（揚げ物は）油がはねないよう、尾の先を包丁でしごいて水分を出す。

（殻をむく料理は）足を取りながら殻をむく。

（天ぷら、えびフライなどは）腹に数本切れ目を入れ、背のほうに曲げて伸ばす。加熱したときに丸まるのを防げる。

あさり

■ 砂出し

塩分濃度3％の水（≒水1カップに塩小さじ1強）にひたす。紙などをかぶせて暗い状態にし、数時間〜ひと晩おく。殻をこすり合わせて洗う。

豆腐

■ 水気をきる
1 ペーパータオルで

ペーパータオルに広げて20分ほどおき、水気をきる。

急ぐときは、ペーパータオルで包み、重しをして10分ほどおく。

2 加熱して

沸騰した湯に入れ、中まで温まる程度にゆで、ザルに上げる。よく水がきれるので、炒め物や和え物などに向く。

電子レンジでもOK。1/2丁で1分が加熱の目安。

油揚げ

■ 油抜きする

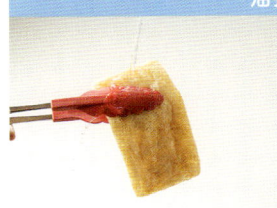

熱湯をかけて、油抜きする。油臭さが取れ、味が入りやすくなる。ゆでることもある。

こんにゃく

■ ひと口大にちぎる

スプーンやペットボトルのキャップ、手などでひと口大（2cm角目安）にちぎる。切り口がでこぼこになり、味が染み込みやすくなる。

■ ゆでてアクを抜く

用途に合わせて切ったら、熱湯に入れて2〜3分ゆでる。アクが抜けて臭いが取れ、味が入りやすくなる。アク抜き済み商品なら、やらなくてよい。

干ししいたけ

■ ひたひたの水で戻す

干ししいたけがひたるくらいの水を入れ、戻す。戻し汁には旨みが出ているので、だしとしても使える。

Before

After

食後の片づけと掃除

面倒な食後の片づけ、パパっと済ませるコツを紹介します。
最小限の手間で、ピカピカにしちゃいましょう！

すぐ終わる！後片づけのコツ

■ フライパンは調理後すぐ汚れを取る

フライパンは、料理を器に移した流れでゴムベラや古布を使って汚れを取り、粗熱が取れていればささっと洗ってしまいましょう。フライパンが温かいうちは汚れが落ちやすく、食後の片づけもラクになります。

■ 汚れた皿は重ねない

ソースや油がベットリ残った皿。その上に別の皿を重ねると、別皿の底にも汚れがついてしまいます。トレーに並べて台所まで運ぶか、汚れた皿を一番上に重ねるなど、汚れを広げないようにしましょう。

■ ソースはゴムベラで取る

ギトギトのソース汚れや油汚れは、さっとゴムベラで取り、生ゴミ袋に捨ててから洗いましょう。そのまま洗うと汚れがスポンジにつき、ほかの食器まで汚して、洗うのに余計な時間と手間がかかってしまいます。

■ ごはんものは早く水につける

ごはんは乾いてかたくなるとなかなか取れないガンコ汚れに変身します。水につけておけば、なでるだけでするりと取れるよい子なので、ちょっと面倒でも食べ終わったらすぐに水にひたしておくクセをつけましょう。

ふきんの選び方とお手入れ

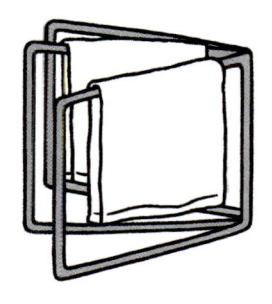

■ 白いものを選ぶ

汚れがひと目でわかる白いふきんがおすすめ。まめに洗う心がけができます。汚れてきたら塩素系漂白剤を使って汚れを落とせるので、清潔に気持ちよく使えます。

■ 食器拭き＆台拭きは使い分けを

料理に直接触れる食器拭きと、調理台やテーブルを拭く台拭きは、衛生面を考えて使い分けましょう。食器拭きは少し大きい薄手、台拭きは二重のガーゼ地など、吸水性がよくて乾きやすいものがおすすめです。

■ 一日の終わりに石けんで洗う

テーブルや調理台を拭いたふきん。一日の汚れは、食器洗いの後に洗い流しましょう。ふきん用石けんや粉石けんなどの洗剤を使い、洗い終わったら干して乾かして。石けんで落ちない汚れがたまったら塩素系漂白剤で漂白します。

■ ペーパータオルも併用

濡らしてしぼっても繰り返し使える厚手タイプのペーパータオルは、調理中に食材やまな板を拭いたり、台拭きとしても使えます。ふつうのふきんを清潔に保つ自信がなければそうした商品を使うのも手。一日使ったら捨てましょう。

いつも気持ちいい！台所掃除のコツ

■三角コーナーを置かない

三角コーナーは汚れがたまりやすく、洗わずにいると目をそむけたくなるストレスアイテム。いっそ三角コーナーを捨て、ポリ袋で代用してはどうでしょう。ポリ袋の口を数回折り返して広げ、調理台に置きます。調理中に生ゴミを入れ、一日の終わりに排水口の生ゴミも入れて口を結んで捨てれば、ストレスともさよならできます。

■汚れたらすぐに拭く

どんな汚れも、つけた直後ならすぐ取れます。炒め物で飛んだ油汚れ、ポトリと落としてしまったソース、「あ！」と思ったらそのままにせず、古布などでさっと拭きましょう。この数秒の手間で、気持ちいい台所をキープできます。

■クレンザーでピカピカに

ステンレス製の鍋やシンク、水道の蛇口、調理台をピカピカにしてくれるのが「クレンザー」です。持っていないという家庭も多いですが、スポンジや台拭きに少量つけてキュッと磨くと、気持ちいいほどツルツル、ピカピカになります。

ゴトクのつけおき方法

クレンザーでも落とせない汚れがたまってきたら、つけおきしましょう。放っておくだけできれいになります。

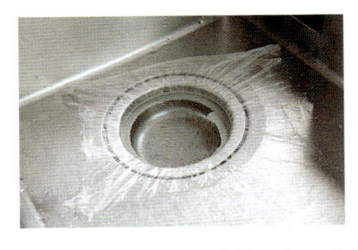 

1 排水口のゴミ受けや菊割れゴムにポリ袋を挟み、シンクをふさぐ。水がもれるようなら大皿などを上に重ねる。

2 片手いっぱいくらいの粉石けんをシンクに入れ、熱湯をそそぐ。
＊ゴトクを使えなくなるので、熱湯はあらかじめたっぷり沸かしておく。

3 ゴトクを**2**にひたす。ほかに換気扇やフィッシュグリル、オーブントースターのパーツ、金属製のザルなど、油汚れの気になるものを入れる。

4 30分〜1時間おき、手を入れられる温度に湯が冷めたら、金だわしや歯ブラシなどでこすり取る。

持っておきたい！台所掃除グッズ

洗剤

■食器用洗剤
毎日の食器洗いに。スポンジにつけて使う。

■クレンザー
ステンレス製の鍋や調理台、蛇口、グリル、シンクの掃除に。スポンジや台拭きにつけて磨く。

■粉石けん
毎日のふきんの手洗いや、熱湯に溶かしてゴトクなどの洗浄に。米ぬか製なら匂いも優しい。できるだけ香りがないものを選ぶ。

■液体パイプクリーナー
排水口の掃除に。詰まり、臭いが気になったときや臭い予防として。

掃除道具

■スポンジ
毎日の食器洗いに。使用後はしっかり洗って水きりし、乾かす。変形したり泡立ちが悪くなったら交換を。

■金だわし
コンロ、グリル、シンクなどステンレス製の部分を磨き上げるときに。

■たわし
根菜の泥を落とす、米がついた木製品や鍋を洗うときに。よく洗ってしっかり乾かす。

■古布
古いTシャツやふきんなどを20cm角に切ってストック。油汚れをさっと拭いたり、しつこい油汚れをクレンザーで磨くときなどに。使ったら捨てられるので気軽に掃除できる。

調味料のこと

調味料には、味つけだけでなく、食材をやわらくする、
臭みを取るなどの働きもあります。
それぞれの役割と、おすすめの種類を紹介します。

砂糖

甘みづけのほか、食材をやわらかくしてくれます。上白糖はクセがなく、さまざまな料理に使えるので初心者向き。ほかに、クセのない甘みでお菓子に使われるグラニュー糖、独特の風味とコクの黒砂糖などがあります。

塩

塩味がつくのはもちろん、下味として使えば臭みを取ってくれます。粗塩はコクやまろみがあり、料理に深みが出るのでおすすめ。精製塩は水に溶けやすい特徴があります。

酢

酸味づけや、腐敗・変色を防ぐために使われます。米酢は酸味がまろやかでコクがあり、穀物酢はすっきりしたやや強めの酸味です。本書では米酢を使用しています。

しょうゆ

濃口しょうゆは香り、色、味のバランスがよく、さまざまな料理に使えます。薄口しょうゆは色が薄いものの濃口より塩分が高く、色よく仕上げるときに使うのがおすすめです。

みそ

数百の種類があるといわれるみそ。原料で米みそ、麦みそ、豆みそと分類したり、色で赤みそ、白みそと分類したります。味わいも甘口、辛口などがあり、本書では数種類を混ぜた合わせみそを使用しています。

酒

食材の臭みを取るだけでなく、旨みを加える、食材をやわらかくする、香りをよくするなどの働きがあります。料理酒は塩が入っていることが多いですが、無塩のものを選びましょう。

みりん

もち米や米麹などを発酵させてつくられた調味料です。砂糖と比べて甘みがまろやかで、料理にツヤが出ます。「みりん風調味料」ではなく、「本みりん」を使いましょう。

> **みりんは砂糖と酒で代用できる！**
>
> みりんがないときは、下記の分量で砂糖と酒を混ぜて代用できます。みりんを使うよりもコクが出て、しっかりした味つけになります。
>
> みりん
> **大さじ1** ＝ 砂糖 **小さじ2** ＋ 酒 **大さじ1**

料理用語事典

レシピ中に出てくる、基本的な料理用語を紹介します。
わからない用語があればチェック！

あ　アクを取る
肉や魚をゆでたり煮たりしたときに、表面に浮かんできた泡（アク）をアク取りなどですくい取ること。アクとは、食材に含まれるエグミ、苦みなどの成分。または野菜の切り口を変色させてしまう物質のこと。

油抜き
油揚げ、厚揚げなどの余分な油を落とすこと。熱湯にくぐらせたり、回しかけたりする。油っぽさが取れ、味の染み込みもよくなる。→p.185

油を温める
油を入れたフライパンや鍋の上に手をかざし、ほんのりと熱を感じるまで温めること。

粗熱を取る
加熱調理をした後、手で触れるくらいの温度に冷ますこと。ザルに広げたり、バットに出したりする。

石突
きのこ類の軸の先端にある、かたい部分。

落し蓋
煮物を煮込むときに、食材に直接のせて使う蓋。煮崩れを防いだり、少ない煮汁でもまんべんなくいきわたらせる効果がある。

か　皮をこそげる
ごぼうやしょうがの皮を包丁の刃やスプーンでこすり取ること。むかずにこそげることで、皮のすぐ下にある旨みや栄養素も摂れる。→p.181

きつね色
表面全体が明るい茶色に色づくこと。

こす
ザルやペーパータオルなどに通して、不要なものを取り除く方法。

さ　下味をつける
食材が生の状態のときに、調味料や香辛料などであらかじめ味をつけておくこと。肉や魚の臭みを取ったり、やわらかくする効果もある。

常温に戻す
調理前に冷蔵庫から出し、常温（15〜25℃）にすること。厚みのある肉や魚を焼くときなど、冷えたまま焼くと中まで火が通らないことがある。

透き通るくらい
玉ねぎなどを炒めるときに、生の白さがなくなった状態。透明感が増す。

た　ダマになる
粉類が液体に溶けきらず、ぶつぶつと残っていること。水溶き片栗粉でとろみをつけるときや、ホワイトソースをつくるときになりやすい。

適宜
必要であれば、好みで使うこと。

適量
そのレシピに応じたちょうどよい分量。

な　なじませる
食材に調味料や油などを染み込ませること。

煮詰める
煮物などの煮汁がほぼなくなるまで、汁気を飛ばすこと。

は　ひと口大
3cmくらいのひと口で食べられる大きさ。

ひと煮立ちさせる
短時間、沸騰させること。煮物の仕上げなどで、食材を入れて再沸騰したらすぐに火を止めること。

ふつふつと
煮汁が沸騰し、表面が少し泡立っているような状態。ぐつぐつと煮立てると、食材が煮崩れするので注意。

ま　水気をきる
食材をザルに上げるなどして、余分な水分を取り除くこと。豆腐の水きりは別途p.185参照。

水気をしぼる
ゆでた野菜や、塩もみした野菜などの余分な水分を手でしぼって取り除くこと。

水気を拭く
食材の余分な水分を、ペーパータオルなどで拭き取ること。

水で戻す
乾物や塩蔵の食材を、水やぬるま湯などにつけて水分を含ませ、元の状態に戻すこと。

水にさらす
切った野菜を水にひたすこと。野菜のアクを抜いたり、歯触りをよくしたり、辛みを抜く効果がある。

面取り
野菜を煮るときに、煮崩れを防ぐための方法。切り口の尖った部分を少し切って丸みをつける。→p.180

や　焼き色をつける
食材の表面を濃い茶色になる程度に香ばしく焼くこと。裏返したり、次の手順に移る目安になる。

余熱
加熱した後に、食材や道具に残った熱のこと。余熱によって中心部まで火を通したり、味を染み込ませたりできる。

わ　ワタを取る
魚介などの内臓をワタという。魚の腹側にあるハラワタ、えびの背中側にある背ワタなど、苦みや臭みがあるので取り出す。

食材別さくいん

家にある食材や余った食材を使った
メニューづくりの参考に。

松村眞由子（まつむら まゆこ）

管理栄養士、料理研究家。日本女子大学非常勤講師。OLや、大手料理教室で企画・開発を担当後、独立。2007年から「M cooking studio」主宰。働く主婦としての経験も長い。料理の得意な管理栄養士として調理科学・栄養学・食品学などの専門知識をふまえた「つくりやすく、おいしく体によい料理」を提案。書籍、雑誌、講演などの他、後進の指導にも力を注いでいる。
著書に『朝つめるだけ！ お弁当生活便利帖』『朝つめるだけ！ 野菜たっぷりお弁当生活便利帖』『英訳つき 世界で人気の和食』（すべて池田書店）、『野菜で探す「健康食べ合わせ」手帖』（主婦の友社）など多数。

STAFF

料理協力	栗原範江
撮影	鈴木正美（studio orange）
撮影協力	重枝龍明（studio orange）
スタイリング	本郷庄紀子
イラスト	平井きわ
デザイン	吉村 亮 大橋千恵（yoshi-des.）
校正	くすのき舎（今井温子）
編集協力	大友 恵（オメガ社）

おいしいコツがひと目でわかる！
きほんの料理

著 者	松村眞由子
発行者	池田士文
印刷所	株式会社光邦
製本所	株式会社光邦
発行所	株式会社池田書店

〒162-0851
東京都新宿区弁天町43番地
電話03-3267-6821（代）／振替00120-9-60072